プリント形式のリアル過去問で本番の臨場感！

静岡県

静岡英和女学院中学校

2025年春受験用 解答集

本書は，実物をなるべくそのままに，プリント形式で年度ごとに収録しています。
問題用紙を教科別に分けて使うことができるので，本番さながらの演習ができます。

■ 収録内容

・解答集（この冊子です）

書籍ＩＤ番号，この問題集の使い方，最新年度実物データ，リアル過去問の活用，
解答例と解説，ご使用にあたってのお願い・ご注意，お問い合わせ

・2024（令和６）年度 ～ 2020（令和２）年度　学力検査問題

JN131938

○は収録あり　　年度	'24	'23	'22	'21	'20	
■ 問題(A日程)	○	○	○	○	○	
■ 解答用紙(書き込み式)	○	○	○	○	○	
■ 配点						

算数に解説があります

注)英語でリスニング問題を実施(原稿は公表・音声は非公表)
注)国語問題文非掲載:2022年度の問題五，2020年度の問題六

問題文の非掲載につきまして

著作権上の都合により，本書に収録している過去入試問題の本文の一部を掲載しておりません。ご不便をおかけし，誠に申し訳ございません。

本文の一部を掲載できなかったことによる国語の演習不足を補うため，論説文および小説文の演習問題のダウンロード付録があります。弊社ウェブサイトから書籍ＩＤ番号を入力してご利用ください。

なお，問題の量，形式，難易度などの傾向が，実際の入試問題と一致しない場合があります。

教英出版

■　書籍ＩＤ番号

入試に役立つダウンロード付録や学校情報などを随時更新して掲載しています。
教英出版ウェブサイトの「ご購入者様のページ」画面で，書籍ＩＤ番号を入力してご利用ください。

書籍ＩＤ番号　109418

（有効期限：2025年9月30日まで）

【入試に役立つダウンロード付録】
「要点のまとめ（国語／算数）」
「課題作文演習」ほか

■　この問題集の使い方

年度ごとにプリント形式で収録しています。針を外して教科ごとに分けて使用します。①片側，②中央のどちらかでとじてありますので，下図を参考に，問題用紙と解答用紙に分けて準備をしましょう（解答用紙がない場合もあります）。

針を外すときは，けがをしないように十分注意してください。また，針を外すと紛失しやすくなりますので気をつけましょう。

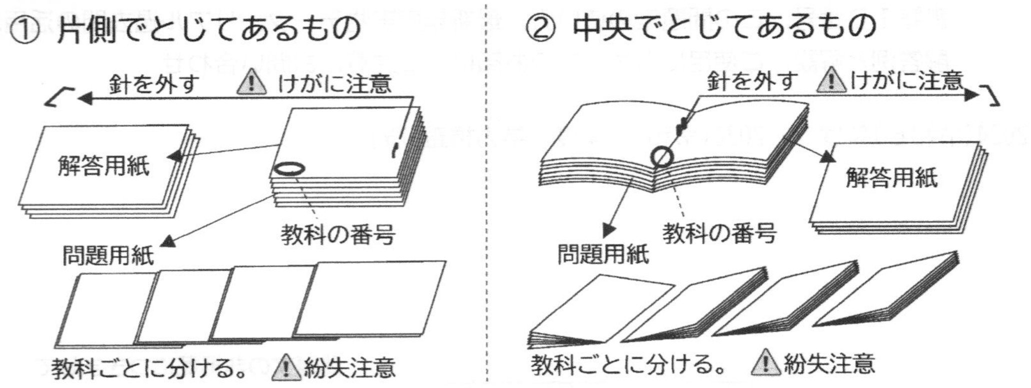

※教科数が上図と異なる場合があります。
解答用紙がない場合や，問題と一体になっている場合があります。
教科の番号は，教科ごとに分けるときの参考にしてください。

■　最新年度　実物データ

実物をなるべくそのままに編集していますが，収録の都合上，実際の試験問題とは異なる場合があります。実物のサイズ，様式は右表で確認してください。

問題用紙	Ｂ４片面プリント（書込み式）
解答用紙	

リアル過去問の活用

～リアル過去問なら入試本番で力を発揮することができる～

本番を体験しよう！

問題用紙の形式（縦向き／横向き），問題の配置や余白など，実物に近い紙面構成なので本番の臨場感が味わえます。まずはパラパラとめくって眺めてみてください。「これが志望校の入試問題なんだ！」と思えば入試に向けて気持ちが高まることでしょう。

入試を知ろう！

同じ教科の過去数年分の問題紙面を並べて，見比べてみましょう。

①　問題の量

毎年同じ大問数か，年によって違うのか，また全体の問題量はどのくらいか知っておきましょう。どのくらいのスピードで解けば時間内に終わるのか，大問ひとつにかけられる時間を計算してみましょう。

②　出題分野

よく出題されている分野とそうでない分野を見つけましょう。同じような問題が過去にも出題されていることに気がつくはずです。

③　出題順序

得意な分野が毎年同じ大問番号で出題されていると分かれば，本番で取りこぼさないように先回りして解答することができるでしょう。

④　解答方法

記述式か選択式か（マークシートか），見ておきましょう。記述式なら，単位まで書く必要があるかどうか，文字数はどのくらいかなど，細かいところまでチェックしておきましょう。計算過程を書く必要があるかどうかも重要です。

⑤　問題の難易度

必ず正解したい基本問題，条件や指示の読み間違いといったケアレスミスに気をつけたい問題，後回しにしたほうがいい問題などをチェックしておきましょう。

問題を解こう！

志望校の入試傾向をつかんだら，問題を何度も解いていきましょう。ほかにも問題文の独特な言いまわしや，その学校独自の答え方を発見できることもあるでしょう。オリンピックや環境問題など，話題になった出来事を毎年出題する学校だと分かれば，日頃のニュースの見かたも変わってきます。

こうして志望校の入試傾向を知り対策を立てることこそが，過去問を解く最大の理由なのです。

実力を知ろう！

過去問を解くにあたって，得点はそれほど重要ではありません。大切なのは，志望校の過去問演習を通して，苦手な教科，苦手な分野を知ることです。苦手な教科，分野が分かったら，教科書や参考書に戻って重点的に学習する時間をつくりましょう。今の自分の実力を知れば，入試本番までの勉強の道すじが見えてきます。

試験に慣れよう！

入試では時間配分も重要です。本番で時間が足りなくなってあわてないように，リアル過去問で実戦演習をして，時間配分や出題パターンに慣れておきましょう。教科ごとに気持ちを切り替える練習もしておきましょう。

心を整えよう！

入試は誰でも緊張するものです。入試前日になったら，演習をやり尽くしたリアル過去問の表紙を眺めてみましょう。問題の内容を見る必要はもうありません。どんな形式だったかな？受験番号や氏名はどこに書くのかな？…ほんの少し見ておくだけでも，志望校の入試に向けて心の準備が整うことでしょう。

そして入試本番では，見慣れた問題紙面が緊張した心を落ち着かせてくれるはずです。

※まれに入試形式を変更する学校もありますが，条件はほかの受験生も同じです。心を整えてあせらずに問題に取りかかりましょう。

2024 解答例 静岡英和女学院中学校

令和６年度

《国　語》

問題一　1．ひたい　2．となる　3．そんりつ　4．せいけつ　5．おうろ　6．てんとう

問題二　1．率　2．泉　3．疑　4．裏側　5．事故　6．鉄筋　7．指揮　8．危険

問題三　【類義語】1．安　2．終　3．展〔別解〕達　【対義語】1．人　2．全　3．別

問題四　1．私の家の屋上　2．(私たちの町の)小学校の近くにある公園　3．(テーブルの上にのっていた)家族旅行の写真　4．熱帯の地方で降る、強風をともなう強いにわか雨　5．かなり遠くに見える、大きなドーム型の屋根の建物

問題五　問1．ウ　問2．せきとくしゃみを交互にしていて、呼吸が苦しそうだったので、美音も猫アレルギーなのではないかということ。　問3．美音も楽し～たのです。　問4．Ⅰ．ロ　Ⅱ．顔　問5．イ，オ　問6．A．オ　B．エ　C．イ　問7．美音は、お別れに、猫好きの雄太が喜ぶと思って、とっておきの大切なメモ帳をくれようとしていたということ。　問8．美音が差し出したメモ帳を、ちゃんと受け取りたい。

問題六　問1．イ，エ，オ　問2．オオカミ／キツネ／タヌキ　などから2つ　問3．生き延びるために必要な条件が多く、環境の変化に弱いから。　問4．Ⅰ．イ　Ⅱ．オ　問5．エ　問6．動植物を保護するための国立公園の中で、動物であるオオカミが殺され続けたこと。　問7．イ　問8．オオカミがいなくなると、オオカミに食べられていたエルクが急激に増え、若い木をほとんど食べてしまったから。

《算　数》

1　(1)33787　(2)370　(3)93. 58　(4)3. 2　(5)$\frac{7}{16}$　(6)215　(7)$\frac{1}{3}$　(8)6

2　(1)男子…16　女子…20　(2)①白　②黒　③白／32

3　(1)①12　②10　(2)251. 2

4　(1)2400　(2)木の間かくは…12　本数は…38

5　(1)8　(2)面積…4. 56　周の長さ…14. 28

6　(1)34　(2)29　(3)9，17

7　(1)10　(2)60　(3)80　(4)午前9時30分

※式や考え方は解説を参照してください。

《英　語》

【リスニング問題】

第1部　No. 1…1　No. 2…2　No. 3…3　No. 4…2

第2部　No. 1…3　No. 2…3　No. 3…1　No. 4…2　No. 5…4

第3部　No. 1…1　No. 2…3　No. 3…2　No. 4…4

【筆記問題】

1　(1)3　(2)2　(3)3　(4)1　(5)3　(6)1

2　(1)4　(2)3　(3)2　(4)1　(5)4　(6)2

3　［1番目／3番目］　(1)[④／③]　(2)[①／③]　(3)[③／④]　(4)[④／③]　(5)[②／④]　(6)[①／③]　(7)[②／④]　(8)[①／②]

1 (1) 与式＝33677＋110＝**33787**

(3) 与式＝103－9.42＝**93.58**

(4) 右の筆算より，7.68÷2.4＝**3.2**

3.2
2.4）7.6.8
72
48
48
0

(5) 与式$=\frac{9}{16}+\frac{3}{5}\div\frac{6}{5}-\frac{5}{8}=\frac{9}{16}+\frac{3}{5}\times\frac{5}{6}-\frac{5}{8}=\frac{9}{16}+\frac{1}{2}-\frac{5}{8}=\frac{9}{16}+\frac{8}{16}-\frac{10}{16}=\mathbf{\frac{7}{16}}$

(6) 与式＝(12.5＋37.5)×4.3＝50×4.3＝**215**

(7) 与式$=(\frac{1}{2}\div\frac{1}{4}-\frac{16}{9})\times\frac{3}{2}=(\frac{1}{2}\times 4-\frac{16}{9})\times\frac{3}{2}=(2-\frac{16}{9})\times\frac{3}{2}=(\frac{18}{9}-\frac{16}{9})\times\frac{3}{2}=\frac{2}{9}\times\frac{3}{2}=\mathbf{\frac{1}{3}}$

(8) 与式より，$\frac{2}{5}\times(\square-2)=2.4-0.8$　$\square-2=1.6\div\frac{2}{5}$　$\square=\frac{8}{5}\times\frac{5}{2}+2=4+2=\mathbf{6}$

2 (1) 男子の人数は$36\times\frac{4}{4+5}$＝**16**(人)，女子の人数は 36－16＝**20**(人)である。

(2)① **【解き方】正方形を作るのに必要な石の数は，内側から順に，4個，4＋8＝12(個)，12＋8＝20(個)，…と，4個から始まって，8個ずつ増えていく。一番外側の正方形に使われている石の数と，その正方形を作るまでに使った石の数の合計についての表を書いて考える。**

正方形の数	1	2	3	4	5
外側の石の数	4	12	20	28	36
石の数の合計	4	16	36	64	100

右表より，石が合計で100個あるとき，一番外側が最後にちょうど正方形となるのは，内側から5番目の正方形を作ったときである。

内側から奇数番目の正方形は白色の石を使っているので，1番外側の石は**白色**である。

② **【解き方】正方形を作るのに加える白色の石は4個，4＋16＝20(個)，20＋16＝36(個)，…であり，黒色の石は12個，12＋16＝28(個)，28＋16＝44(個)，…と，それぞれ16個ずつ増えていく。石の色によって表を2つに分けて考える。**

白の正方形の数	1	2	3	4	5
加える石の数	4	20	36	52	68
石の数の合計	4	24	60	112	180

黒の正方形の数	1	2	3	4	5
加える石の数	12	28	44	60	76
石の数の合計	12	40	84	144	220

右の2つの表より，内側から4番目の白色，黒色の正方形を作るのに必要な白色，黒色の石の数の合計はそれぞれ112個，144個である。白→黒→白→…，の順に並べるので，4番目の黒色の正方形を作ったあと，5番目の白色の正方形を作ることになるが，このとき必要な石の数の合計が180個で150個をこえるため，5番目の白色の正方形を作ることはできない。よって，一番外側の石は**黒色**である。

③ **【解き方】②で作った表を利用する。**

白色の石は112個使うから，150－112＝38(個)余る。黒色の石は144個使うから，150－144＝6(個)余る。

よって，白色の石が 38－6＝**32**(個)多い。

3 (1)① 積み木の個数は上下ともに6個あり，合わせて12個ある。積み木1個あたりの体積は1㎤だから，求める体積は1×12＝**12**(㎤)である。

② 積み木の個数は1＋3＋6＝10(個)ある。よって，求める体積は1×10＝**10**(㎤)

(2) **【解き方】右図のように，同じ立体をもう1つ用意して重ね合わせると円柱になる。**

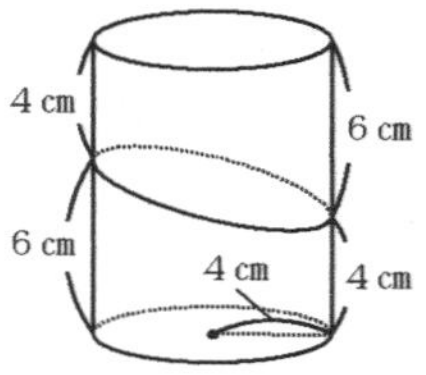

求める体積は底面の半径が4cm，高さが4＋6＝10(cm)の円柱の体積の$\frac{1}{2}$だから，

$4\times4\times3.14\times10\times\frac{1}{2}$＝**251.2**(㎤)である。

4 (1) **【解き方】定価を1とすると，定価の3割引きは1－0.3＝0.7である。**

定価の3割引きが1680円だから，定価は1680÷0.7＝**2400**(円)である。

(2) **【解き方】たて，横等間かくに木を植えるから，間かくは84mと144mの公約数になり，この間かくをできるだけ広くするのだから，最大公約数を求めればよい。木の本数は，図形を囲むように植える場合は(木の本数)＝**

(間かくの数)，線上に植える場合で両端《りょうはし》に木を植える場合は(木の本数)＝(間かくの数)＋１，線上に植える場合で両端に木を植えない場合は(木の本数)＝(間かくの数)－１，となる。

最大公約数を求めるときは，右の筆算のように割り切れる数で次々に割っていき，割った数をすべてかけあわせればよい。よって，84 と 144 の最大公約数は，２×２×３＝12 だから，木の間かくは 12mにすればよい。また，木は土地を囲むように植えるので，木の本数は，木と木の間の数と等しく，(84＋144)×２＝456(m)に 12mごと等間かくに植えるから，456÷12＝**38**(本)である。

2) 84 144
2) 42 72
3) 21 36
　　7 12

5 ⑴ **【解き方】(正方形の面積)＝(対角線の長さ)×(対角線の長さ)÷２で求める。**

四角形ＡＰＱＲは正方形であり，対角線ＡＱの長さは４cmだから，面積は４×４÷２＝**８**(㎠)である。

⑵ **【解き方】正方形ＡＰＱＲの１辺の長さを求めることはできないが，ＰＢ＝ＲＤより，ＰＱ＋ＰＢ＝ＰＱ＋ＲＤ＝ＡＤ＝４(cm)，ＲＱ＋ＲＤ＝ＲＱ＋ＰＢ＝ＡＢ＝４(cm)と求められる。**

色つき部分の面積は，半径４cmの円の面積の$\frac{1}{4}$から正方形ＡＰＱＲの面積を引いた値《あたい》だから，
４×４×3.14×$\frac{1}{4}$－８＝12.56－８＝**4.56**(㎠)である。

色つき部分の周りの長さは，(曲線ＢＤの長さ)＋(ＰＱ＋ＰＢ)＋(ＲＱ＋ＲＤ)＝４×２×3.14×$\frac{1}{4}$＋４＋４＝**14.28**(cm)

6 ⑴ このクラスの人数は，１＋２＋４＋３＋７＋９＋８＝**34**(人)

⑵ **【解き方】60 点以上 70 点未満の生徒は３人，70 点以上 80 点未満の生徒は７人いる。**

60 点以上 80 点未満の生徒は３＋７＝10(人)だから，クラス全体の$\frac{10}{34}$×100＝29.4…(%)より，**29%**である。

⑶ **【解き方】80 点以上 90 点未満の生徒は９人であり，85 点はこの９人の最高点にも最低点にもなり得る。**

90 点以上の生徒は８人である。よって，85 点の生徒は得点の高い方から，８＋１＝**９**(番目)から８＋９＝**17**(番目)にいる。

7 ⑴ **【解き方】グラフのたて軸は英子さんと英子さんの家の間の道のり，グラフの横軸は午前９時に英子さんが出発してからの時間を表している。図書館にいる時間は，英子さんが出発してから２回目にグラフが水平になるときである。**

図書館にいるのは，午前９時に家を出発してから 25 分後から 35 分後だから，35－25＝**10**(分)である。

⑵ 午前９時に出発してから，15 分後に再び家を出て，25 分後に図書館に着いた。よって，家から図書館までの英子さんが歩く速さは，600÷(25－15)＝60 より，分速 **60**mである。

⑶ ⑵と同様に考えると，求める速さは，(1800－600)÷(50－35)＝80 より，分速 **80**mである。

⑷ **【解き方】英子さんが午前９時に家を出てから，引き返すことなく同じ速さで和子さんの家まで歩いたとすると，ちょうど約束の時間に着いていたと考える。**

英子さんが午前９時に家を出て，家に向かって引き返し始めるまでの歩く速さは，300÷５＝60 より，分速 60mである。英子さんの家から和子さんの家までの道のりは 1800mだから，1800÷60＝30(分)で着く予定だった。
よって，約束の時間は午前９時＋30 分＝**午前９時 30 分**だった。

静岡英和女学院中学校

《国　語》

問題一　1．む　2．つと　3．あらわ　4．なか　5．けいてき　6．じゅんじょ

問題二　1．座　2．届　3．絹　4．簡単　5．映画　6．益鳥　7．要約　8．俳句

問題三　1．独断　2．長所　3．期待　4．非難　5．発育

問題四　1．また　2．しかし〔別解〕だが／けれども　3．すると

問題五　問1．合同体育が苦手だと見破られてはずかしいうえに、合同体育がいやで早退したのだと断定されるのがいやだったから。　問2．病気ではないのに、病気のふりをすること。　問3．イ　問4．病気はたいていげた箱でなおっちゃうんだ。　問5．魔法　問6．お母さんに起こされないことや朝食が用意されていないことを、かわいそうだと決めつけることに、腹を立てている。　問7．A．エ　B．イ　C．ア　問8．ウ

問題六　問1．Ⅰ．エ　Ⅱ．イ　問2．わたしたちのくらしはべんりになり、そしてゆたかになりました。　問3．A．土　B．ごみをしまつ　問4．土の中にいる小さな生物たちがたすけあって、木の葉や動物の死体をかみくだき、食べてはまた土をつくりながら、つぎの緑をそだてるところ。　問5．ウ　問6．山の人たちが、山をつぎつぎにおりてしまった　問7．山村にすんで山をまもっている人たちに感謝し、山村の人たちがこれからもはりきって山でくらしていけるようにささえていくこと。　問8．ア，エ　問9．イ

《算　数》

1　(1)1240　(2)6.7　(3)$\frac{3}{8}$　(4)$1\frac{7}{48}$　(5)89.1　(6)1　(7)9

2　(1)右図　※(2)(あ)18　(い)15　(う)20

※3　(1)12　(2)30

4　(1)420　(2)$3\frac{1}{2}$　(3)2，2，10

5　(1)右図　※(2)①30　②33

※6　(1)41.7，250　(2)5，30

※7　(1)200　(2)4，48　(3)和子／150

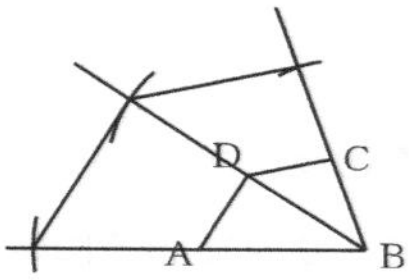

2(1)の図

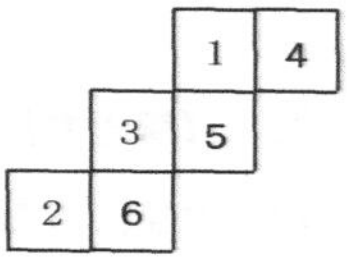

5(1)の図

※の式や考え方は解説を参照してください。

《英　語》

【リスニング問題】

第１部　No. 1…2　No. 2…1　No. 3…3　No. 4…2

第２部　No. 1…3　No. 2…3　No. 3…2　No. 4…2　No. 5…4

第３部　No. 1…1　No. 2…4　No. 3…3　No. 4…2

【筆記問題】

1　(1)2　(2)1　(3)4　(4)3　(5)1　(6)4

2　(1)4　(2)3　(3)1　(4)3　(5)2　(6)4

3　［1番目／3番目］(1)[③／④]　(2)[④／③]　(3)[②／①]　(4)[④／③]　(5)[②／④]　(6)[①／③]　(7)[②／③]　(8)[①／②]

2023 算数解説 令和５年度 静岡英和女学院中学校

1　(1)　与式＝1374－134＝1240

(3)　与式＝$\frac{2}{9}\times\frac{13}{8}\times\frac{27}{26}=\frac{3}{8}$

(4)　与式＝$\frac{40}{48}+\frac{18}{48}-\frac{3}{48}=\frac{55}{48}=1\frac{7}{48}$

(5)　与式＝8.91×(2.4＋7.6)＝8.91×10＝89.1

(6)　与式＝$\frac{7}{5}\div(\frac{12}{20}-\frac{5}{20})\times\frac{1}{4}=\frac{7}{5}\times\frac{20}{7}\times\frac{1}{4}=1$

(7)　与式より，126－135÷□＝３×37　　135÷□＝126－111　　□＝135÷15＝９

2　(1)　四角形ＡＢＣＤを，頂点Ｂを中心にして２倍に拡大した四角形が，右図の四角形ＥＢＧＦである。直線ＡＢ，ＤＢ，ＣＢをＢとは反対の方向に延長し，ＡＥ＝ＡＢ，ＤＦ＝ＤＢ，ＣＧ＝ＣＢとなるように，点Ｅ，Ｆ，Ｇをとればよい。

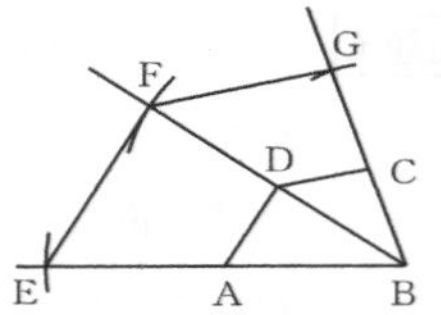

(2)　㋐　底辺が３㎝，高さが６㎝の平行四辺形だから，３×６＝18(㎠)

㋑　底辺が５㎝，高さが６㎝の三角形だから，５×６÷２＝15(㎠)

㋒　底辺が８㎝，高さが２㎝の三角形と，底辺が８㎝，高さが３㎝の三角形を，底辺でくっつけてできた四角形だから，８×２÷２＋８×３÷２＝８＋12＝20(㎠)

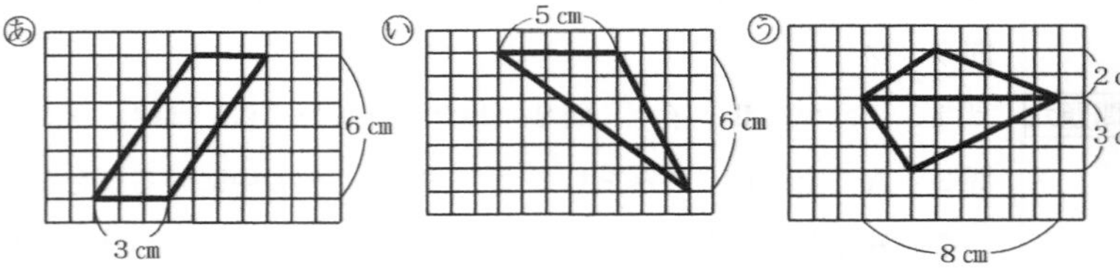

3　(1)　赤はついてから消え，再びつくまでに４＋２＝６(秒)，青はついてから消え，再びつくまでに３＋１＝４(秒)かかる。スイッチを入れてから２度目に赤，青のランプが同時につくのは，６と４の最小公倍数である12(秒後)である。(右図参照)

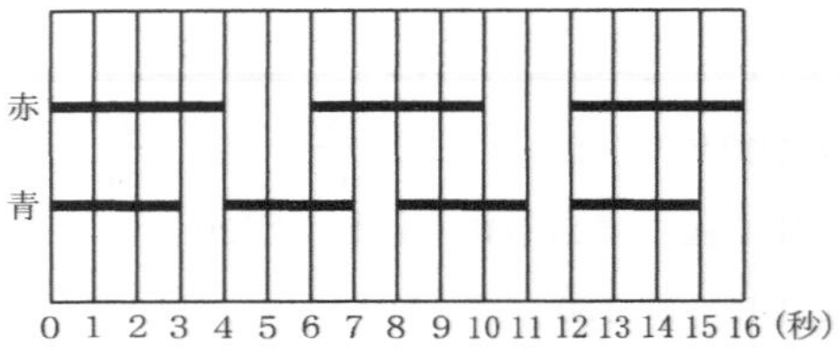

(2)　**【解き方】赤と青のランプは，12秒ごとに同じつきかたを繰り返す。したがって，０～12秒で同時に２秒以上ついているのが何回あるかをまず考える。**

(1)の図より，０～12秒に赤と青のランプが同時に２秒以上ついているのは，０～３秒と８～10秒の２回ある。

３分間＝(３×60)秒間＝180秒間に12秒の周期が180÷12＝15あるから，求める回数は，２×15＝30(回)

4　(1)　与式＝500－３×(24－７＋４)－17＝500－３×21－17＝500－63－17＝420

(2)　与式＝$\frac{9}{2}\div\frac{6}{5}-\{12\times(\frac{1}{3}-\frac{3}{10})-\frac{15}{100}\}=\frac{9}{2}\times\frac{5}{6}-\{12\times(\frac{10}{30}-\frac{9}{30})-\frac{3}{20}\}=\frac{15}{4}-(12\times\frac{1}{30}-\frac{3}{20})=\frac{15}{4}-(\frac{2}{5}-\frac{3}{20})=$
$\frac{15}{4}-(\frac{8}{20}-\frac{3}{20})=\frac{15}{4}-\frac{1}{4}=\frac{7}{2}=3\frac{1}{2}$

(3)　34.5時間＝34時間(0.5×60)分＝34時間30分　　940÷60＝15余り40より，940分＝15時間40分

よって，与式＝34時間30分＋15時間40分＝49時間70分＝50時間10分で，50÷24＝２余り２だから，50時間10分＝２日２時間10分

5　(1)　**【解き方】立方体の展開図では，となりの面にくっつくのならば，面を90°だけ回転移動させることができる。このことを利用して右図のように２つの面を移動させ，４つの面が１列に並び，その上下に１面ずつがくっついている形にすると考えやすい。**

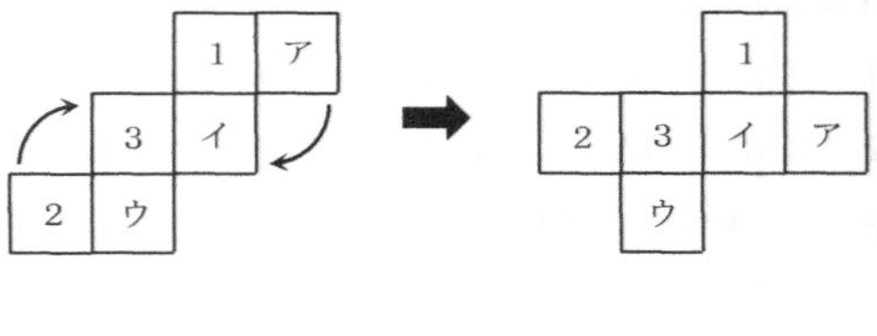

向かい合う面は３とア，２とイ，１とウだから，アは４，イは５，ウは６である。

⑵　**【解き方】例えば，図ｉのように一直線にはたを並べると，はた６本ではたとはたの間が５か所でき，図iiのように円形(図形のまわり)にはたを並べると，はた６本ではたとはたの間が６か所できる。このことから，一直線に並べると，はたとはたの間の数ははたの本数より１少なくなり，池のまわりに並べると，はたとはたの間の数ははたの本数と同じになる。**

図ｉ

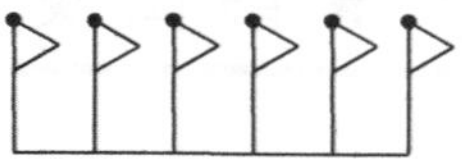

図ii

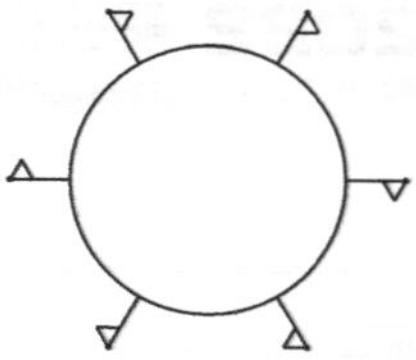

①　はたとはたの間は $11-1=10$(か所)あるから，ろうかの長さは，$3\times10=30$(m)

②　はたとはたの間は 11 か所あるから，池の周りの長さは，$3\times11=33$(m)

6　⑴　目もりで 12 等分され，徒歩は目もり５個分だから，徒歩で通学している生徒は全体の$\frac{5}{12}$，つまり，$\frac{5}{12}\times100=41.66\cdots$より，41.7％である。徒歩で通学している生徒の人数は $600\times\frac{5}{12}=250$(人)である。

⑵　全体を表す部分の中心角は 360° だから，自転車で通学している生徒は全体の$\frac{18^\circ}{360^\circ}=\frac{1}{20}$，つまり，$\frac{1}{20}\times100=5$(％)である。自転車で通学している生徒の人数は $600\times\frac{1}{20}=30$(人)である。

7　⑴　３周は $600\times3=1800$(m)で，この道のりを９分で走ったから，求める速さは，分速$(1800\div9)$m＝分速 200m

⑵　**【解き方】一定の速さで走ったから，走る道のりとかかる時間は比例する。**

５周するのに 12 分かかったから，２周するのに $12\times\frac{2}{5}=\frac{24}{5}=4\frac{4}{5}$(分)かかった。$\frac{4}{5}$分＝$(\frac{4}{5}\times60)$秒＝48 秒だから，求める時間は４分 48 秒である。

⑶　**【解き方】和子さんの速さは分速$(600\times5\div12)$m＝分速 250m である。したがって，１分ごとに，和子さんは英子よりも $250-200=50$(m)多く走る。**

３分後は，和子さんが英子さんの $50\times3=150$(m)先を走っている。

2022 解答例 令和４年度 ★静岡英和女学院中学校

《国　語》

問題一　1．す　2．お　3．はぶ　4．そうこ　5．いんしょう　6．けんちょう

問題二　1．演　2．暮　3．券　4．提案　5．医師　6．地域　7．高層　8．血圧

問題三　1．オ　2．イ　3．エ　4．ウ　5．ア

問題四　［動物の名前／意味］　1．［ねこ／ウ］　2．［ねずみ／オ］　3．［さる／イ］

問題五　問１．ア　問２．エ　問３．ブン、という短い音〔別解〕よく見えなかった　問４．通りかかった電気屋の店頭(のテレビ)／カーマンのするどく正確なまわしげり　問５．カーマンに強いあこがれをいだき、自分も空手をならおうと思っていたが、下田くんの言葉を聞いて、少しがっかりしている気持ち。　問６．イ　問７．経済力とか～で勝負する　問８．下田くんは勉強がよくでき、成績で学年一番をだれかにとられたときは、くやしさをけんめいにかくそうとするほど負けん気が強いから。

問題六　問１．A．ウ　B．エ　C．ア　問２．ウ　問３．Ⅱ．海水　Ⅲ．塩　問４．物ぶつ交かん
問５．海水をどんどんにつめればいいのに　問６．海水をにつめるのに大量のまきが必要だから。／海水をにつめるのに時間がかかるから。／海水をにつめるための土器がわれやすかったから。
問７．短い／たくさん　問８．狩りや魚とりを中心としたくらしから、米づくりを中心とした農業を行うくらしに変わった。　問９．ウ

《算　数》

1　⑴237　⑵1.52　⑶$\frac{14}{15}$　⑷$\frac{11}{15}$　⑸2.8　⑹26　⑺15

2　⑴12800　⑵12　⑶7840

※3　24

※4　273

※5　⑴8　⑵8.5　⑶60

6　⑴7　⑵1　⑶15000

※7　りんご…9　なし…11

※8　26，40

※9　496

※10　⑴135　⑵30

※11　⑴28　⑵立方体…12　玉…52　⑶棒…8004　玉…4004

※の式や考え方は解説を参照してください。

《英　語》

【リスニング問題】

第１部　No. １…２　No. ２…２　No. ３…１　No. ４…３　No. ５…１

第２部　No. １…３　No. ２…２　No. ３…２　No. ４…４　No. ５…１

第３部　No. １…３　No. ２…２　No. ３…３　No. ４…４　No. ５…１

【筆記問題】

1　⑴３　⑵２　⑶１　⑷２

2　⑴４　⑵２　⑶１　⑷４　⑸２

3　［１番目／３番目］　⑴［④／③］　⑵［②／①］　⑶［③／④］　⑷［①／③］　⑸［④／③］　⑹［②／④］　⑺［④／③］　⑻［②／④］

2022 算数解説 令和４年度 ▶ 静岡英和女学院中学校

←解答例は前のページにありますので，そちらをご覧ください。

1　⑴　与式＝553－316＝237

⑶　与式＝$\frac{21}{10}\times\frac{16}{15}\times\frac{5}{12}=\frac{14}{15}$

⑷　与式＝$\frac{25}{60}+\frac{52}{60}-\frac{33}{60}=\frac{44}{60}=\frac{11}{15}$

⑸　与式＝1.4×(2.1－1.7＋1.6)＝1.4×２＝2.8

⑹　与式＝$\frac{8}{15}\times180-\frac{7}{18}\times180=96-70=26$

⑺　13 は 5.2 の 13÷5.2＝2.5(倍)だから，5.2：６＝(5.2×2.5)：(６×2.5)＝13：15

2　⑴　１km＝1000mだから，12.8km＝(1000×12.8)m＝12800m

⑵　１時間＝60 分だから，0.2 時間＝(60×0.2)分＝12 分

⑶　２割＝0.2 だから，9800 円の２割引は，9800×(１－0.2)＝7840(円)

3　**【解き方】３けたの整数が 400 より大きい整数となるのは，百の位の数が４か５になるときである。**

百の位の数が４のとき，十の位の数は１から５のうち，４を除く４通りあり，一の位の数は，４と十の位の数を除く３通りある。よって，百の位の数が４である３けたの整数は，４×３＝12(個)ある。同様に，百の位の数が５である３けたの整数も 12 個ある。したがって，400 より大きい整数は，12＋12＝24(個)ある。

4　**【解き方】柱体の体積は，(底面積)×(高さ)で求められる。**

底面は，上底が５cm，下底が８cm，高さが７cmの台形なので，底面積は，(５＋８)×７÷２＝45.5(cm²)

角柱の高さは６cmなので，体積は，45.5×６＝273(cm³)

5　⑴　**【解き方】食塩水の問題は，うでの長さを濃度《のうど》，おもりを食塩水の重さとしたてんびん図で考えて，うでの長さの比とおもりの重さの比がたがいに逆比になることを利用する。**

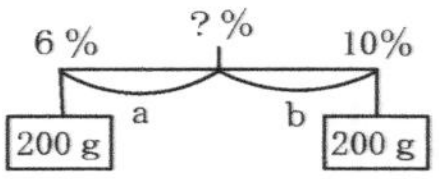

食塩水Ｂ(６％)と食塩水Ａ(10％)の食塩水の量の比は 200：200＝１：１だから，ａ：ｂ＝１：１

よって，求める濃度は，６＋(10－６)×$\frac{1}{1+1}$＝８(％)

⑵　⑴と同様に考える。６％と 10％の食塩水の量の比は３：５だから，ｃ：ｄ＝５：３

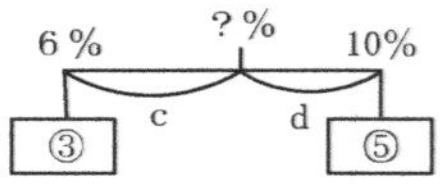

よって，求める濃度は，６＋(10－６)×$\frac{5}{5+3}$＝8.5(％)

⑶　**【解き方】含《ふく》まれる食塩の量に注目する。**

8.5％の食塩水 400ｇに含まれる食塩の量は，400×$\frac{8.5}{100}$＝34(ｇ)

10％の食塩水に含まれる食塩の量が 34ｇのとき，その食塩水の量は，34÷$\frac{10}{100}$＝340(ｇ)

よって，蒸発させる水の量は，400－340＝60(ｇ)

6　⑴　与式＝13－３×12×$\frac{1}{6}$＝13－６＝７

⑵　与式＝$(3-5\times\frac{3}{8})\div\frac{9}{8}=(\frac{24}{8}-\frac{15}{8})\times\frac{8}{9}=\frac{9}{8}\times\frac{8}{9}=1$

⑶　１km²＝１km×１km＝1000m×1000m＝1000000 m²だから，

与式＝(1000000×0.01)m²＋5000 m²＝10000 m²＋5000 m²＝15000 m²

7　**【解き方】つるかめ算を用いる。**

なしを 20 個注文したとすると，代金は 90×20＝1800(円)になり，実際より 1800－1710＝90(円)高くなる。なし１個をりんご１個におきかえると，代金は 90－80＝10(円)安くなるから，りんごの個数は，90÷10＝９(個)で，なしの個数は 20－９＝11(個)である。

8　出発したときの２人の間の距離《きょり》は，2.4 km＝2400mである。ここから，２人の間の距離は１分間で 48＋42＝90(m)短くなる。よって，２人が出会うのは，$2400\div90=26\frac{2}{3}$(分後)，つまり，26 分$(60\times\frac{2}{3})$秒後＝26 分 40 秒後である。

9　496 の約数は，１と 496，２と 248，４と 124，８と 62，16 と 31 である。

よって，496 を除いたすべての約数を足すと，１＋２＋４＋８＋16＋31＋62＋124＋248＝496

10　(1)　**【解き方】図Ⅱについて，右のように作図する。**

角㋐＝90°＋○＋●である。

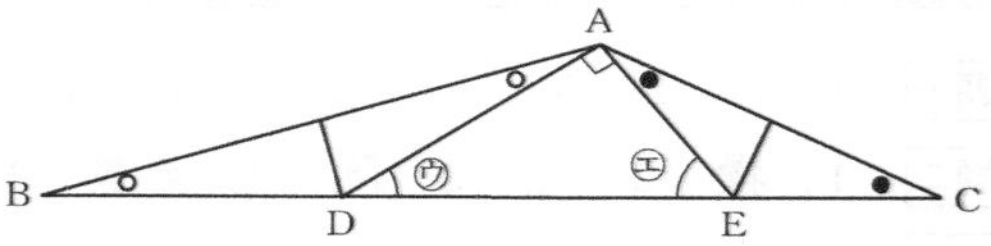

三角形ＡＢＤ，三角形ＡＣＥについて，三角形の１つの外角は，これととなりあわない２つの内角の和に等しいから，角㋒＝○＋○，角㋓＝●＋●

三角形ＡＤＥの内角の和は 180°だから，角㋒＋角㋓＝180°－90°＝90°

よって，○＋○＋●＋●＝90°だから，○＋●＝90°÷２＝45°　　したがって，角㋐＝90°＋45°＝135°

(2)　(1)をふまえる。図Ⅲより，●＝○＋○だから，●＋●＋●＝90°

よって，●＝90°÷３＝30°だから，角㋑＝30°

11　**【解き方】立方体の個数と使う玉の個数と使う棒の本数を表にまとめ，規則性を見つける。**

(1)　表にまとめると，右のようになる。立方体を１個つくったときの玉の個数は８個で，立方体を１個多くつくるごとに，玉の個数は４個増える。

立方体の個数(個)	1	2	3	4	…
玉の個数(個)	8	12	16	20	…
棒の本数(本)	12	20	28	36	…

よって，立方体を６個つくると，玉は８＋４×(６－１)＝28(個)使う。

(2)　(1)をふまえる。立方体を１個作ったときの棒の本数は 12 本で，立方体を１個多くつくるごとに，棒の本数は８本増える。棒が 100 本のとき，１個目の立方体で使った棒を除く残りの棒は 100－12＝88(本)なので，立方体はあと 88÷８＝11(個)つくれる。

よって，立方体は１＋11＝12(個)つくることができ，そのときの玉は，８＋４×(12－１)＝52(個)使う。

(3)　(1)，(2)をふまえる。立方体を 1000 個つくると，棒は 12＋８×(1000－１)＝8004(本)使い，
玉は８＋４×(1000－１)=4004(個)使う。

2021 解答例 令和３年度　★静岡英和女学院中学校

《国　語》

問題一　1．な　2．みなもと　3．きしゅ　4．ぼうえき　5．てんこ　6．しょぞく

問題二　1．操　2．注　3．除　4．卒業　5．混在　6．歴史　7．教訓　8．運輸

問題三　1．エ　2．カ　3．オ　4．ウ　5．ア　6．イ

問題四　1．音が　2．木は　3．天気は　4．気持ちが　5．弟も　6．人こそ

問題五　問1．イ　問2．ヒナコは若くて元気そうなのに、目の前の困っている人に席をゆずらないのだと思い、腹立たしかったから。　問3．わたしは具合が悪いのです　問4．周りの人はヒナコの体調が悪いことに気付かず、冷たい子だと思っているのだろうと感じ、つらくなっている。　問5．なみだ　問6．両親や学校～れたのだ。　問7．席をゆずったことをほめられて得意げに答えるサユリの態度に、本当の思いやりが感じられず、い和感をおぼえたから。〔別解〕席をゆずらずに座っている他の人たちを、それぞれに事情があってゆずれないかもしれないのに、当然のことができない人たちだと決めつけてしまうことになるから。
問8．だって、困ってるひとやかわいそうなひとを助けてあげるのは当然のことです！

問題六　問1．A．オ　B．イ　C．ア　D．ウ　問2．どこに描くかを考えながら線をなぐりがきし、そのうちに、ぐるぐると渦みたいなものを描くようになること。　問3．イ　問4．人間の子どもは、あたえられた絵が具体的に何を意味しているかがわかるが、チンパンジーにはまったくわからないところ。　問5．描いたもの　問6．ウ　問7．技術的には　問8．強制

《算　数》

1　(1)2862　(2)0.5　(3)4.5　(4)$2\frac{1}{4}$　(5)$1\frac{1}{2}$　(6)$\frac{5}{36}$　(7)4.3　(8)$\frac{7}{9}$

2　※(1)①10　②4640　※(2)①825　②20　(3)①15　②75

※3　(1)6　(2)12

※4　(1)25　(2)28.5

5　※(1)2.5　※(2)4　※(3)108　(4)右図

※6　(1)68　(2)90

7　※(1)右表　(2)2

※8　10

9　※(1)8　※(2)70　(3)98

※10　9，10，11，12

11　※(1)60　(2)10

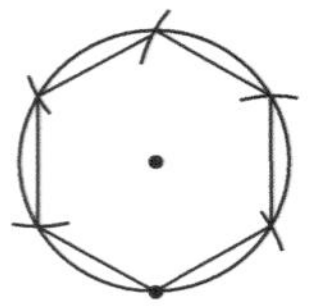

切り取る正方形の長さ	1 cm	2 cm	3 cm	4 cm	5 cm
容積	100 cm^3	128 cm^3	108 cm^3	64 cm^3	20 cm^3

※の式や考え方は解説を参照してください。

《英　語》

【リスニング問題】

第１部　No. １…１　No. ２…３　No. ３…１　No. ４…２　No. ５…２

第２部　No. １…２　No. ２…３　No. ３…２　No. ４…３　No. ５…４

第３部　No. １…２　No. ２…３　No. ３…２　No. ４…３　No. ５…１

【筆記問題】

1　⑴３　⑵４　⑶３　⑷２

2　⑴１　⑵４　⑶３　⑷２　⑸３

3　［１番目／３番目］　⑴［③／②］　⑵［③／④］　⑶［②／③］　⑷［①／②］　⑸［③／④］　⑹［②／④］
⑺［④／①］　⑻［③／④］

←解答例は前のページにありますので，そちらをご覧ください。

1　(1)　与式＝2536＋326＝2862

(2)　与式＝1.08＋2.92－3.5＝４－3.5＝0.5

(4)　与式$=\frac{10}{3}\times\frac{9}{14}\times\frac{21}{20}=\frac{9}{4}=2\frac{1}{4}$

(5)　与式$=\frac{9}{5}\times\frac{5}{4}\div\frac{3}{2}=\frac{9}{4}\times\frac{2}{3}=\frac{3}{2}=1\frac{1}{2}$

(6)　与式$=\frac{10}{36}+\frac{16}{36}-\frac{21}{36}=\frac{5}{36}$

(7)　与式＝(4.7＋5.3)×0.43＝10×0.43＝4.3

(8)　与式より，$3\div(\frac{4}{3}-\square)=3\times\frac{9}{5}$　$\frac{4}{3}-\square=3\div\frac{27}{5}$　$\frac{4}{3}-\square=3\times\frac{5}{27}$　$\square=\frac{4}{3}-\frac{5}{9}=\frac{12}{9}-\frac{5}{9}=\frac{7}{9}$

2　(1)①　10個ずつだと100円高くなるから，１個ずつだと，100÷10＝10(円)高い。

②　みかんの代金は，150－10＝140(円)である。リンゴとみかん20個ずつの代金の合計は(150＋140)×20＝5800(円)だから，支払った代金は，$5800\times(1-\frac{2}{10})=4640$(円)である。

(2)①　２人は１分間で90＋75＝165(m)はなれるから，求めるきょりは，165×５＝825(m)である。

②　3.3㎞＝(3.3×1000)m＝3300mだから，求める時間は，3300÷165＝20(分後)である。

(3)　右図のように記号をおく。①の角の大きさは，45°－30°＝15°である。

三角形ＡＢＣについて，三角形の１つの外角は，これととなりあわない２つの内角の和に等しいから，②の大きさは，30°＋45°＝75°である。

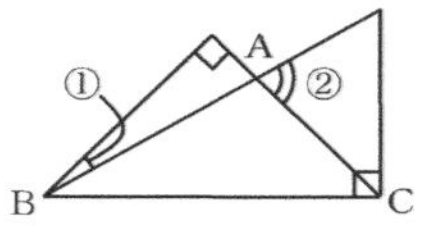

3　(1)　$40\times\frac{15}{100}=6$(人)

(2)　**【解き方】右表のようにまとめ，㋐，㋑，㋒の順で求める。**

㋐＝16－６＝10(人)，㋑＝40－18＝22(人)だから，㋒＝22－10＝12(人)である。

		妹		合計
		いる	いない	
弟	いる	6		18
	いない	㋐	㋒	㋑
合計		16		40

単位：人

4　(1)　三角形ＯＢＣは，正方形ＡＢＣＤを対角線で４等分した三角形のうちの１つだから，面積は10×10÷４＝25(㎠)である。

(2)　**【解き方】斜線《しゃせん》部分のうち，下側の面積は，半径が10÷２＝５(㎝)の半円の面積から，三角形ＯＢＣの面積をひいて求めることができる。上側も同様である。**

斜線部分の下側の面積は５×５×3.14÷２－25＝39.25－25＝14.25(㎠)だから，求める面積は，14.25×２＝28.5(㎠)

5　(1)　**【解き方】ひし形の面積は，(対角線の長さ)×(対角線の長さ)÷２で求められる。**

(対角線の長さ)×(対角線の長さ)が４×２＝８(㎠)となるので，もう１本の対角線の長さは，８÷3.2＝2.5(㎝)

(2)　円の周囲の長さは，(直径)×3.14で求められるから，円の直径は12.56÷3.14＝４(㎝)である。

(3)　右図より，五角形の内角の和は，三角形３つの内角の和に等しく180°×３＝540°である。

よって，正五角形の１つの角の大きさは，540°÷５＝108°である。

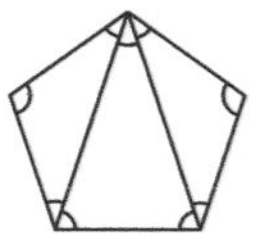

(4)　**【解き方】正六角形は，右図のように対角線の交わる点が正六角形の各頂点を通る円の中心となり，さらに対角線で６つの正三角形にわけることができる。**

このことを利用して，次のように正六角形をかくことができる。

①半径が３㎝の円をかく。②円周上に点をおき，そこから３㎝ごとコンパスで円に印をつける。

③つけた印を直線で結ぶ。

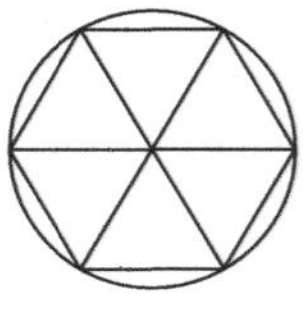

6　(1)　４回のテストの合計点が65×４＝260(点)だから，５回のテストの合計点は260＋80＝340(点)である。

よって，５回のテストの平均点は，340÷５＝68(点)である。

(2)　５回のテストの合計点が 70×５＝350(点)以上になればよいので，５回目は 350－260＝90(点)以上とればよい。

7　(1)　**【解き方】切り取る正方形の１辺の長さと，できる箱の高さは等しい。また，できる箱の底面の正方形の１辺の長さは，12 cm－(切り取る正方形の１辺の長さ)×２となる。**

切り取る正方形の長さが１cmのときの容積は，(12－１×２)×(12－１×２)×１＝100(㎤)

切り取る正方形の長さが２cmのときの容積は，(12－２×２)×(12－２×２)×２＝128(㎤)

切り取る正方形の長さが３cmのときの容積は，(12－３×２)×(12－３×２)×３＝108(㎤)

切り取る正方形の長さが４cmのときの容積は，(12－４×２)×(12－４×２)×４＝64(㎤)

切り取る正方形の長さが５cmのときの容積は，(12－５×２)×(12－５×２)×５＝20(㎤)

8　三角形ＡＢＣはＢＣ＝ＡＣ＝10mの直角二等辺三角形だから，木の高さは 10mである。

9　(1)　水の深さが 56 cmをこえるまでは，水は高さが 56 cmの直方体の中にのみある。その間は７秒で水の深さが４cm深くなるから，14 秒後の水の深さは $4\times\frac{14}{7}=8$ (cm)であり，56 cmをこえないから条件に合う。

(2)　$7\times\frac{40}{4}=70$(秒)

(3)　ａ秒のところでグラフの傾きが変化していることから，ａ秒のときに高さが 56 cmの直方体全体に水が入り，その後は円柱部分に水が入ったことがわかる。よって，$a=7\times\frac{56}{4}=98$ である。

10　**【解き方】４人ずつ座ると，１人も座らない長いすが１きゃくできて，最後の人が座る長いすには，１人～４人が座っている(残りの長いすは全部４人ずつ座っている)。**

長いすに座る人数を４－３＝１(人)増やすと，座れる人数は５＋４＝９(人)以上９＋３＝12(人)以下増える(最後の人が座る長いすに座っている人数が４人の場合，３人の場合，２人の場合，１人の場合が考えられる)。３人ずつから４人ずつ座れるようにしたことにより，１きゃくあたり１人座れる席ができるので，この増えた座れる人数が長いすの数となる。したがって，考えられる長いすの数は９，10，11，12 きゃくである。

11　(1)　「１枚ずつ３回カードを続けて選ぶ」とあるので，１回選んだカードは選ばないと解釈《かいしゃく》する。１文字目の選び方は５通りあり，その１文字目の文字に対して２文字目の選び方が１文字目で選んだカードを除く４通りずつあり，さらにその１文字目と２文字目の文字に対して３文字目の選び方が１文字目と２文字目を除いて３通りずつあるから，全部で５×４×３＝60(通り)ある。

なお，同じ文字が複数選ばれてもよいと考えると，１文字目，２文字目，３文字目の選び方がそれぞれ５通りずつあるから，全部で５×５×５＝125(通り)になる。

(2)　50 音順にすると，最初の２文字が「あい」となる文字は「あいう」「あいえ」「あいお」の３通りある。最初の２文字が「あう」となる文字も，「あえ」となる文字も，同様に３通りずつある。そして，最初の２文字が「あお」となる文字のうち１番目が「あおい」だから，求める順番は，３×３＋１＝10(番目)である。

なお，(1)で同じ文字が複数選ばれてもよいと考えると，最初の２文字が「ああ」となる文字は「あああ」「ああい」「ああう」「ああえ」「ああお」の５通りある。最初の２文字が「あい」「あう」「あえ」となる文字も，同様に５通りずつある。そして，最初の２文字が「あお」となる文字のうち２番目が「あおい」だから，求める順番は，５×４＋２＝22(番目)になる。

★静岡英和女学院中学校

《国　語》

問題一　1．まか　2．ちぢ　3．けしき　4．たっぴつ　5．さいく　6．せんねん

問題二　1．張　2．負　3．列　4．職業　5．校庭　6．容器　7．住居　8．結果

問題三　1．伝　意味…エ　2．石　意味…ア　3．里　意味…オ　4．絶　意味…イ

問題四　1．人が　2．出発する　3．本は　4．歩いている

問題五　問1．ウ　問2．昴大が、悠馬を風よけにして走ることで体力を回復し、機会を見て追いぬこうと考えている。　問3．悠馬を風よけにすることができる、すぐ後ろの位置。　問4．本当ならすでにゴールをしているはずの和弥がすぐ前にいて、しかもその頭が不自然にゆれているという風景。　問5．イ
問6．事／無　問7．ともかく練習熱心であり、毎日欠かさずひたすら走ってきた上に、あきらめないから。　問8．A．エ　B．イ　C．ア

問題六　問1．Ⅰ．オ　Ⅱ．イ　問2．A．保護　B．調整　問3．人間が、赤ちゃんを産むために必要な栄養を保障し、赤ちゃんを外敵から守り、仲間をどれぐらいふやすかを決めていること。　問4．ウ　問5．イ
問6．複雑　問7．野生の生物 ～ ています。　問8．反対／野生の生物界に生きる動物たちは、彼ら自身で個体数を調整する能力をもっているということを、私たちはしっかりと認識すべきである。
問9．自分達自身の個体数の調整

《算　数》

1　(1)915　(2)4.7　(3)$\frac{2}{7}$　(4)$\frac{1}{18}$　(5)5.2　(6)15　(7)61

2　(1)23　(2)6400

※3　4

※4　25.12

※5　(1)16　(2)180　(3)13，20

6　(1)1　(2)$\frac{4}{5}$　(3)1550

※7　52.5

※8　10

※9　(1)38　(2)25

※10　4.5

※11　(1)1800　(2)黒いペン…9　赤いペン…6　(3)黒いペン…12　赤いペン…5　青いペン…3

※の式や考え方は解説を参照してください。

《英　語》

【リスニング問題】

第１部　No. 1…2　No. 2…1　No. 3…3　No. 4…1　No. 5…3

第２部　No. 1…3　No. 2…3　No. 3…4　No. 4…1　No. 5…4

第３部　No. 1…2　No. 2…1　No. 3…3　No. 4…2　No. 5…2

【筆記問題】

1　(1) 3　(2) 2　(3) 2　(4) 4

2　(1) 2　(2) 1　(3) 1　(4) 3　(5) 1

3　［１番目／３番目］　(1)［②／④］　(2)［③／④］　(3)［④／②］　(4)［④／①］　(5)［①／②］　(6)［③／④］
(7)［④／③］　(8)［④／①］

【算数の解説】

1　(1)　与式＝1174＋326－585＝1500－585＝915

(3)　与式＝$\frac{3}{14}\times\frac{7}{6}\times\frac{8}{7}=\frac{2}{7}$

(4)　与式＝$\frac{12}{18}-\frac{8}{18}-\frac{3}{18}=\frac{1}{18}$

(5)　与式＝1.5×3.3＋1.1×3.3－2.6×1.3＝(1.5＋1.1)×3.3－2.6×1.3＝2.6×3.3－2.6×1.3＝
2.6×(3.3－1.3)＝2.6×２＝5.2

(6)　与式＝$2\times6+\frac{4}{3}\times6-5=12+8-5=15$

(7)　与式より，□－６＝11×５　□－６＝55　□＝55＋６＝61

2　(1)　１Ｌ＝10dL なので，2.3Ｌ＝(2.3×10)dL＝23dL

(2)　8000×(１－0.2)＝6400(円)

3　大人２人をＡ，Ｂ，子ども２人をａ，ｂとする。両はしに大人，内側に子ども２人が並ぶような並び方は，
ＡａｂＢ，ＡｂａＢ，ＢａｂＡ，ＢｂａＡの４通りある。

4　半径８cm，中心角が90度のおうぎ形の面積から，半径８÷２＝４(cm)の半円の面積を引けばよいので，
$8\times8\times3.14\times\frac{90}{360}-4\times4\times3.14\div2=(8\times8\times\frac{1}{4}-4\times4\times\frac{1}{2})\times3.14=8\times3.14=25.12$(cm²)

5　(1)　Ａさんが前半の８分で進んだ道のりは，220×８＝1760(m)である。１周は2.4km＝(2.4×1000)m＝2400m
なので，Ａさんは残り2400－1760＝640(m)を毎分80mで歩いた。よって，Ａさんが歩いた時間は640÷80＝８(分)
なので，池を１周するのに８＋８＝16(分)かかった。

(2)　スタートしてから６分後に２人が出会ったので，このときの２人の進んだ道のりの合計は2400mである。
Ａさんは最初の６分で220×６＝1320(m)進んだので，Ｂさんは６分で2400－1320＝1080(m)進んだ。
よって，Ｂさんの速さは，毎分(1080÷６)m＝毎分180mである。

(3)　Ｂさんが池を１周するのにかかる時間は，$2400\div180=\frac{40}{3}=13\frac{1}{3}$(分)であり，$\frac{1}{3}$分＝($\frac{1}{3}\times60$)秒＝20秒なので，13分20秒である。

6 ⑴ 与式＝83－３×(31－15＋８)－10＝83－３×24－10＝83－72－10＝１

⑵ 与式＝$\frac{14}{5}-\frac{2}{3}\times\frac{21}{10}-\frac{3}{4}\div\frac{125}{100}=\frac{14}{5}-\frac{7}{5}-\frac{3}{4}\div\frac{5}{4}=\frac{7}{5}-\frac{3}{4}\times\frac{4}{5}=\frac{7}{5}-\frac{3}{5}=\frac{4}{5}$

⑶ １㎡＝１m×１m＝100㎝×100㎝＝10000㎠なので，500000㎠＝$\frac{500000}{10000}$㎡＝50㎡である。

よって，与式＝1500㎡＋50㎡＝1550㎡

7 A，Bの合計点は40×２＝80(点)，C，Dの合計点は65×２＝130(点)なので，４人の合計点は80＋130＝210(点)である。よって，４人の平均点は，210÷４＝52.5(点)である。

8 妹の年れいが現在の姉の年れいと同じになるとき，２人の年れいの和は，現在の２人の年れいの和より38－26＝12(才)多い。妹と姉は同じように年をとるので，このとき２人は，現在より12÷２＝６(才)年をとっている。よって，妹は姉より６才年下である。したがって，現在の妹の年れいの２倍は26－６＝20(才)なので，現在の妹の年れいは20÷２＝10(才)である。

9 ⑴ 右のような表にまとめて整理する。㋐を求めればよい。

㋒＝123－87＝36(人)だから，㋑＝36－11＝25(人)，㋐＝63－25＝38(人)

⑵ 右表の㋑を求めればよいので，⑴の解説より，25人である。

		クレープ		合計
		食べた	食べない	
アイスクリーム	食べた	㋐	㋑	63
	食べない		11	
合計		87	㋒	123

10 図の三角柱について，三角形ＡＢＣを底面とすると，高さはＢＥ＝８㎝だから，三角形ＡＢＣの面積は，144÷８＝18(㎠)である。よって，三角形ＡＢＣについて，底辺をＢＣ＝８㎝とするときの高さは，18×２÷８＝4.5(㎝)である。

11 ⑴ 120×15＝1800(円)

⑵ 黒いペンを15本買ったとすると，代金は⑴より1800円となり，実際より1980－1800＝180(円)安くなる。黒いペン１本を赤いペン１本におきかえると，代金は150－120＝30(円)高くなるから，赤いペンの本数は，180÷30＝６(本)である。よって，黒いペンの本数は15－６＝９(本)である。

⑶ 黒いペン４本と青いペン１本で１セットとすると，黒いペンと青いペンを買った本数の合計は，この何セット分かになる。１セットの代金は，120×４＋190＝670(円)である。買った20本がすべて赤いペンだとすると，代金は150×20＝3000(円)になり，実際より3000－2760＝240(円)高くなる。１セットにはペンが５本ふくまれるので，赤いペン５本を１セットにおきかえると，代金は150×５－670＝80(円)安くなるから，240÷80＝３(セット)買ったとわかる。

よって，黒いペンは４×３＝12(本)，赤いペンは20－５×３＝５(本)，青いペンは１×３＝３(本)買った。

（50分）

二〇二〇年度・中　A

国語　その1

受験番号

氏名

静岡英和女学院中学校

※100点満点
（配点非公表）

問題一　次の——を引いてある漢字の読みかたを、ひらがなで書きなさい。

1　大切な仕事を任せる。

2　時間がたって風船が縮んだ。

3　山のちょう上から景色をながめる。

4　達筆な文字で書かれたはがき。

5　美しい細工がほどこされた宝石。

6　父は大学で専念している。

問題二　次の□の中に漢字を書きなさい。

1　池に氷が□《は》る。

2　自動車事故でけがを□《お》った。

3　□《れつ》をはみださないように注意する。

4　父の□《しょくぎょう》は消防士だ。

5　ひとりで□《こうてい》を走る。

6　空の□《ようき》に水を入れる。

7　都会では□《じゅうきょ》が不足している。

8　これまでの努力の□《けっか》が表れた。

問題三　次の□に漢字を書き入れて四字熟語を作り、その意味をあとのア～オの中から選んで、それぞれ記号で答えなさい。

1　以心□心　意味（　）

2　電光□火　意味（　）

3　五□霧《む》中　意味（　）

4　空前□後　意味（　）

ア　行動が非常にすばやいこと。

イ　とてもめずらしくまれなこと。

ウ　心をうばわれ熱中すること。

エ　だまっていても気持ちが相手に通じていること。

オ　迷って判断がつかないこと。

問題四　次の——の語がくわしくしていることばを、それぞれぬき出して答えなさい。

1　町には　たくさんの　人が　あふれている。

2　姉は　あした　カナダへ　出発する。

3　この　本は　とても　おもしろい。

4　ゆっくりと　おばあさんが　道を　歩いている。

国語

その2

受験番号

氏名

問題五　次の文章を読んで、あとの問いに答えなさい。

悠馬《ゆうま》はうでを引きしめ、背すじをのばす。もうすぐ半分だ。

しばらくのぼると、コースは平たんになり、少し風が出てきた。短い髪《かみ》の生えぎわに当たる。向かい風だ。さすがにぼうずにはできなかったが、風のていこうを少しでもおさえるために、髪を短くした。おかげで、かきあげるくせもおさまったようだ。平たんな道のと中に、中間地点と書いた看板があらわれた。うで時計を確認《かくにん》し、悠馬は小さくうなずいた。

よし、行ける。スタートから、三十四分。まだ息は上がっていないし、足にだるさも感じない。九キロまではこのままのペースを保ち、最後の一キロでスパートをかければ、なんとか一時間でゴールできるだろう。

焼き肉、焼き肉。①思わず生つばがこみあげたとき、うしろからあらい息づかいがきこえてきた。息は、悠馬の背中のうしろでぴたりととまった。思わずふりむいた悠馬の目が、にらむような視線をとらえた。昂大《こうだい》だった。悠馬の背中にはりつくように走っている。目が合ったとたん、すっと視線ははずされたが、②はっきりとしたおもわくが感じられた。どうやら自分を風よけにしているようだ。

げっ。思わずあげそうになった声をおしころし、必死に自分にいいきかせる。気にするな。

悠馬は集中しようとしたが、やっぱり走りづらかった。昂大のけはいにあおられて、自分のペースがこわれてしまうのだ。しかも風が強くなり、呼吸もしづらい。昂大に当たるはずの風を、自分が受けてやっているのだと思えば、いらだちもつのってくる。

はっ、はっ、はあっ。背中ごしに、はげしい息づかいの音がきこえる。短くみだれた昂大の呼吸だ。

「おまえなんかには、絶対まけない」

荒い息のあいだから、昂大はとぎれがちにそういった。強気なセリフだが、声は弱い。③この位置に来るために、かなりの無理をしたのだろう。そう思ったときには、悠馬の足はふみだしていた。スパートにはまだ早いが、勝手に足が反応したのだ。つかれている相手をふりきれば、精神的なダメージもあたえられる。

「あっ」

案の定、うしろで昂大が、ふいをつかれたような声をあげた。悠馬はついてこられないように、一気に前に追いついた。ねらいは当たっていたようだ。昂大のけはいはなくなり、しかも、風も直接当たらなくなった。悠馬は少し、スピードを落とす。ちょっと休める。だが、それはあまかった。悠馬が追いついたとたん、集団がペースを上げたのだ。コースは下り坂になっている。けい斜《しゃ》を利用してスピードを上げたものがいたのだろう。あわてて追いかけようとした悠馬を、さらにあわてさせる事態が目にとびこんできたのは、そのときだった。

なんで？　下りになって、一気にひらけた視界に、④ありえない風景が見えたのだ。いるはずのない背中がそこにある。

どうしたよ？　和弥《かずや》。

本当なら、すでにゴールをしているはずの和弥の後頭部が、指をのばせばとどきそうなところにあった。しかも、その頭が不自然にゆれている。あきらかな異変の原因はすぐにわかった。足だ。和弥の足は、完全にリズムを欠いていた。悠馬は夢中で和弥に追いついた。

「どうした？」たずねると、

「さっき、こけて」

和弥は顔をしかめた。見ると、シューズのつま先が赤くにじんでいた。つめが割れてしまったのだろうか。

「だいじょうぶだ。肉ばなれとかじゃないから」

そうはいうが、やはり痛みはあるらしく、⑤しかめつらだ。その顔のまま、和弥は悠馬をせかした。

「さきに行けって」

悠馬はちらっと時計を見た。あと、十五分。残りは二キロ足らず。今なら、もう一度ペースを上げれば、一時間以内にゴールできそうだった。頭ではわかっているが、悠馬の足は動かなかった。悠馬は和弥のペースに合わせて走った。スピードの出ない二人のわきを、どんどん生徒がすりぬけていく。すぐうしろには次の集団がせまってきている。ふりかえってたしかめた悠馬の目が、昂大の姿をとらえた。ずいぶん苦しいのだろう。あごも上がっている。だが、昂大は悠馬を見たとたん、顔に力をみなぎらせた。そしてそのまま、悠馬を追いぬいていった。

「あ、焼き肉」

「行けったら」

思わずつぶやく悠馬を和弥がまたせかした。悠馬はいったん、足に力を入れかけた。でもやっぱり、入らなかった。血のにじんだ和弥のシューズから目がはなせない。

「そんなんで、走れるのか？」

「ああ。これはだいじょうぶなアクシデントだ。完走できる」

たずねた悠馬に、和弥は⑥こともなげに答えた。

すげえな。悠馬は一か月間の練習で、⑦和弥が強くなったわけがわかった気がしていた。それは、ともかく和弥が練習熱心だということだ。和弥は、毎日欠かさずひたすら走る。けれども、今あらためて、強さのわけを見たような気になった。あきらめないからなんだな。悠馬はうで時計のスイッチを切った。

[A] はなかった。それよりも、和弥の [B] を見たいと思った。和弥はきっと石にかじりついてもゴールする気なのだ。そのしゅん間、ぎりぎりの [C] の先にあるものを、和弥といっしょに感じたい。そこにはきっと、時間よりもたしかなものがあるはずだ。

「おれもゆっくり行くわ。つかれたし」

うそぶく悠馬に、和弥は苦笑いを返し、速度を少し上げた。

「うそだろ」

悠馬もあわてて後を追う。ゴールが近づいてくる。

（まはら三桃『その先にあるもの』より）

二〇二〇年度・中 A

国語 その3

受験番号

氏名

問1 ——①「思わず生つばがこみあげた」とありますが、それはどうしてですか。次のア〜エの中から一つ選び、記号を○で囲みなさい。

ア ペースが速すぎて気持ちが悪くなったから。
イ 完走できたらごほうびのデザートが待っているから。
ウ 一時間でゴールできたら焼き肉が食べられるから。
エ 昨日、歯医者でけずった歯が痛むから。

問2 ——②「はっきりとしたおもわく」とありますが、だれがどのようなことを考えているのですか。わかりやすく説明しなさい。

問3 ——③「この位置」とはどのような場所のことですか。自分のことばで説明しなさい。

問4 ——④「ありえない風景」とはどのような風景のことですか。わかりやすく説明しなさい。

問5 ——⑤「しかめつら」とはどのような気持ちが表れた表情のことですか。この場面で最もよいものを次のア〜エの中から一つ選び、記号を○で囲みなさい。

ア よろこび　イ 苦痛　ウ 悲痛　エ きょうふ

問6 ——⑥「こともなげ」を漢字で書くとどのように書きますか。次の□に漢字を書き入れなさい。

□も□げ

問7 ——⑦「和弥が強くなったわけ」とありますが、その理由をわかりやすく説明しなさい。

問8 [A]〜[C]に入ることばを次のア〜オの中から選び、それぞれ記号で答えなさい。

ア 苦しさ　イ すごさ　ウ あどけなさ　エ くやしさ　オ ずうずうしさ

A

B

C

二〇二〇年度・中 A

国語

その4

受験番号

氏名

問題六 次の文章を読んで、あとの問いに答えなさい。

著作権に関係する弊社の都合により
本文は省略いたします。
教英出版編集部

著作権に関係する弊社の都合により
本文は省略いたします。
教英出版編集部

※自認…自分でそうであると考えていること。

（黒田睦美・弘行『滅《ほろ》びゆくアフリカの大自然』より）

二〇二〇年度・中 A

国語 その5

受験番号

氏名

問1 [I]・[II]にあてはまる語を次のア〜オの中から選び、それぞれ記号で答えなさい。

ア たとえ　イ けっして　ウ たぶん　エ むしろ　オ もし

I

II

問2 （ A ）（ B ）にあてはまる漢字二字の語を文中からぬき出してそれぞれ答えなさい。

A

B

問3 ――①「家ちくと野生動物を同じにあつかうことはできません」とありますが、「野生動物」と比べて「家ちく」はどのような点がちがいますか。文中のことばを使って説明しなさい。

問4 ――②「生息」の意味を次のア〜エの中から一つ選び、記号を○で囲みなさい。

ア 呼吸すること　イ 産卵すること　ウ 生活すること　エ 成長すること

問5 ――③「平気でやっているのです」とありますが、この表現から作者のどのような感情が読み取れますか。あてはまらないものを次のア〜エの中から一つ選び、記号を○で囲みなさい。

ア 疑問　イ 批判　ウ 心配　エ 感心

問6 ――④「単純」の反対の意味を表す語を漢字二字で答えなさい。

問7 ――⑤「野生動物たちの自立した生き方」とありますが、その生き方を述べた一文を、ここより後の文からぬき出し、最初と最後の五字を答えなさい。（句読点も一字と数える。）

〜

問8 ――⑥「ケニアにいる野生動物保護の第一人者と自認しているかた」、――⑦「ゾウの研究の第一人者と自認しているある白人」とありますが、この二人の意見に対して、作者は賛成ですか、それとも反対ですか。（　　）に「賛成」、「反対」のどちらかを書き入れ、作者の考えを文中のことばを使って答えなさい。

二人の意見に作者は（　　　　）である。

問9 ――⑧「それ」とは、どのようなことを指しているのですか。十字程度で答えなさい。

（25分）

算　数　その１

2020年度・中

受験番号		氏名	

算数Ａ（その１，その２）　※50点満点
（配点非公表）

（この線の上は使わないでください。解答欄には式や考え方を書きなさい。）

1．次の □ にあてはまる数を書き入れなさい。

(1)　$1174-585+326=\square$

(2)　$10.81\div 2.3=\square$

(3)　$\dfrac{3}{14}\div\dfrac{6}{7}\div\dfrac{7}{8}=\square$

(4)　$\dfrac{2}{3}-\dfrac{4}{9}-\dfrac{1}{6}=\square$

(5)　$1.5\times 3.3+3.3\times 1.1-2.6\times 1.3$
$=\square$

(6)　$\left(2+\dfrac{4}{3}\right)\times 6-5=\square$

(7)　$(\square-6)\div 5=11$

受験番号　　氏名

（この線の上は使わないでください。解答欄には式や考え方を書きなさい。）

2．次の□にあてはまる数を書き入れなさい。

(1)　2.3ℓは□dℓです。

(2)　8000円の２割引は□円です。

3．大人２人と子ども２人が横一列に並びます。両はしに大人，内側に子ども２人が並ぶような並び方は全部で何通りありますか。

□通り

4．１辺が８cmの正方形があります。次の図は，正方形の１辺を直径にした円の一部分と，半径にした円の一部分とをかきいれたものです。斜線《しゃせん》部分の面積を求めなさい。ただし，円周率は3.14とします。

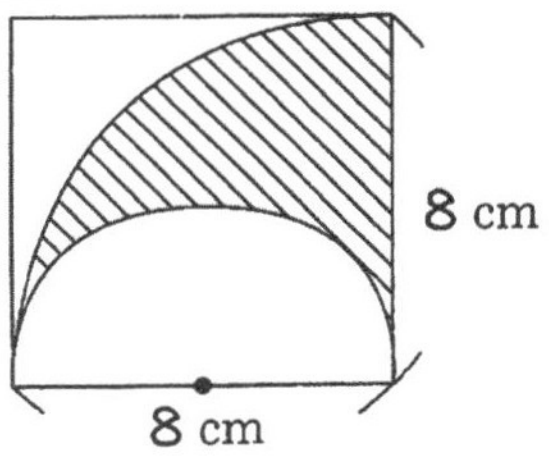

□cm²

5．池のまわりに１周2.4 kmの道があります。この道をAさんとBさんが同じ場所から逆の方向へ，同時にスタートして１周しました。

（ア）　Aさんは，前半８分間は毎分220 mで走り，残りは毎分80 mで歩きました。
（イ）　Bさんは，一定の速さで走り続け，スタートしてから６分後にAさんと出会いました。

次の問いに答えなさい。

(1)　Aさんは池を１周するのに何分かかりましたか。

□分

(2)　Bさんは毎分何mで走りましたか。

毎分□m

(3)　Bさんが池を１周するのに何分何秒かかりましたか。

□分□秒

算　数　その３

受験番号		氏名	

算数Ｂ(その３，その４)　※50点満点
(配点非公表)

(この線の上は使わないでください。解答欄には式や考え方を書きなさい。)

6．次の□にあてはまる数を書き入れなさい。

(1)　$83-3\times(31-30\div2+8)-10$

$=$ □

(2)　$\frac{14}{5}-\frac{2}{3}\times2.1-\frac{3}{4}\div1.25=$ □

(3)　$1500m^2+500000cm^2$

$=$ □ m^2

7．A，B，C，Dの４人の算数のテストの点数があります。A，Bの平均点は40点，C，Dの平均点は65点です。このとき，４人の平均点を求めなさい。

□点

8．現在，姉と妹の年れいの和は26才です。 妹の年れいが現在の姉の年れいと同じになるとき， ２人の年れいの和は38才です。現在の妹の年れいを求めなさい。

□才

受験番号　　氏名

（この線の上は使わないでください。解答欄には式や考え方を書きなさい。）

9． あるレストランで，123 人が食事をしました。食後にクレープを食べた人が 87 人，アイスクリームを食べた人が 63 人，クレープもアイスクリームも食べない人が 11 人いました。このとき，次の問いに答えなさい。

(1)　クレープとアイスクリームの両方を食べた人は何人ですか。

人

(2)　アイスクリームだけを食べた人は何人ですか。

人

10． 次の図の三角柱の体積は 144 cm^3 です。また，四角形BEFCは１辺が８cmの正方形です。三角形ABCで，辺BCを底辺とするとき，この三角形の高さを求めなさい。

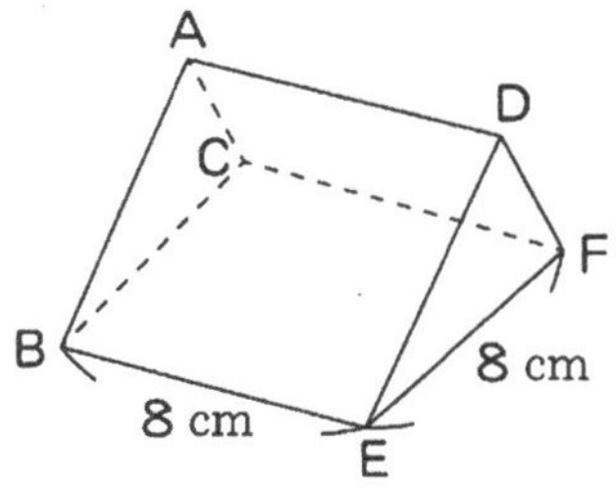

cm

11． １本 120 円の黒いペン，１本 150 円の赤いペン，１本 190 円の青いペンがそれぞれたくさん売っています。このとき，次の問いに答えなさい。

(1)　黒いペンを 15 本買ったとき，代金はいくらになりますか。

円

(2)　黒いペンと赤いペンを合わせて 15 本買ったとき，代金が 1980 円になりました。このとき，黒いペンと赤いペンをそれぞれ何本買いましたか。

黒いペン　　本，赤いペン　　本

(3)　黒いペンと赤いペンと青いペンを合わせて 20 本買ったとき，代金が 2760 円になりました。また，黒いペンは青いペンの４倍の本数を買いました。このとき，黒いペンと赤いペンと青いペンをそれぞれ何本買いましたか。

黒いペン　　本，赤いペン　　本，

青いペン　　本

(25分)

英　語　その1

2020年度・中A

受験番号		氏名	

※50点満点
(配点非公表)

【リスニング問題】リスニング問題は、第1部から第3部まであります。英文は二度放送されます。　※音声は収録しておりません

第1部　イラストを参考にしながら対話と応答を聞き、最も適切な応答を1，2，3の中から一つ選び、その番号を書きなさい。
問題はNo.1からNo.5まで、5題です。解答は、下の解答らんに書きなさい。

No.1

No.2

No.3

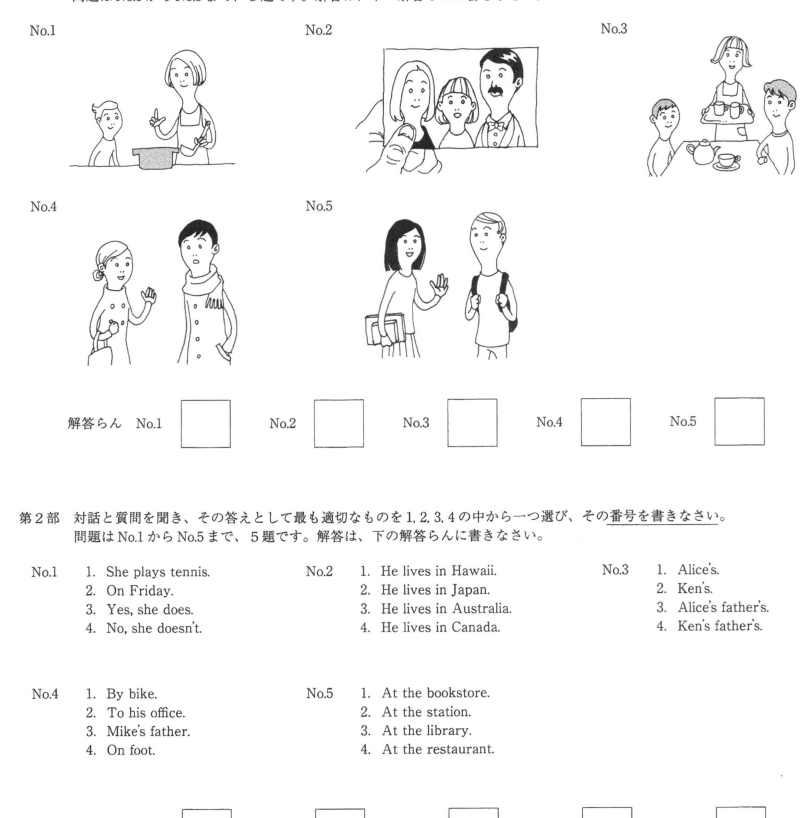

No.4

No.5

解答らん　No.1 ☐　No.2 ☐　No.3 ☐　No.4 ☐　No.5 ☐

第2部　対話と質問を聞き、その答えとして最も適切なものを1, 2, 3, 4の中から一つ選び、その番号を書きなさい。
問題はNo.1からNo.5まで、5題です。解答は、下の解答らんに書きなさい。

No.1
1. She plays tennis.
2. On Friday.
3. Yes, she does.
4. No, she doesn't.

No.2
1. He lives in Hawaii.
2. He lives in Japan.
3. He lives in Australia.
4. He lives in Canada.

No.3
1. Alice's.
2. Ken's.
3. Alice's father's.
4. Ken's father's.

No.4
1. By bike.
2. To his office.
3. Mike's father.
4. On foot.

No.5
1. At the bookstore.
2. At the station.
3. At the library.
4. At the restaurant.

解答らん　No.1 ☐　No.2 ☐　No.3 ☐　No.4 ☐　No.5 ☐

受験番号		氏名	

第３部　英文と質問を聞き、その答えとして最も適切なものを1, 2, 3, 4の中から一つ選び、その番号を書きなさい。
問題はNo.1からNo.5まで、５題です。解答は、下の解答らんに書きなさい。

No.1
1. 5 dollars.
2. 10 dollars.
3. 15 dollars.
4. 50 dollars.

No.2
1. No, it isn't.
2. It's February.
3. It's Tuesday.
4. Yes, it is.

No.3
1. Matt does.
2. Tomoko does.
3. Bill does.
4. Ben does.

No.4
1. She is playing the guitar.
2. She is cooking.
3. Yes, she is.
4. No, she isn't.

No.5
1. 15 students.
2. 100 students.
3. 115 students.
4. 150 students.

解答らん	No.1	No.2	No.3	No.4	No.5

受験番号		氏名	

【筆記問題】

1．次の（１）から（４）までの（　　）に入れるのに最も適切なものを1, 2, 3, 4の中から一つ選び、その番号を書きなさい。
解答は、下の解答らんに書きなさい。

（１）(　　　) is the weather today in Shizuoka ?
1. Who　2. When　3. How　4. Whose

（２）(　　　) play video games after lunch.
1. Will　2. Let's　3. Are　4. Cook

（３）*A* : (　　　) a good night's sleep.
B : Thank you.
1. Know　2. Have　3. Read　4. Play

（４）Does this train (　　　) to Tokyo ?
1. see　2. sing　3. wait　4. go

解答らん	（１）		（２）		（３）		（４）	

2．次の（１）から（５）までの会話について、(　　　)に入れるのに最も適切なものを1, 2, 3, 4の中から一つ選び、その番号を書きなさい。
解答は、下の解答らんに書きなさい。

（１）*Man* : Hello. My name is John White.
Woman : I'm Sindy Roberts. (　　　).
1. You're welcome　2. Nice to meet you　3. I like oranges　4. I'm tired

（２）*Mother* : Are you (　　　) ?
Boy : Yes, I am. Can I go to bed ?
1. sleepy　2. sweet　3. busy　4. small

（３）*Boy* : Do you have any books ?
Girl : Yes. I have (　　　) them.
1. a lot of　2. three　3. about　4. desk

（４）*Man* : What time is it now ?
Woman : Sorry. I don't have a (　　　).
1. box　2. radio　3. watch　4. bag

（５）*Mother* : Linda, do you like the (　　　) of *Totoro* ?
Girl : Of course. I like it very much.
1. story　2. piano　3. letter　4. soccer

解答らん	（１）		（２）		（３）		（４）		（５）	

受験番号		氏名	

３．次の（１）から（８）までの日本文の意味を表すように、（　　）内の①から④までを並べかえ、□の中に入れなさい。そして、１番目と、３番目の□に入るものの番号をそれぞれ書きなさい。
ただし、（　　）内では、文のはじめに来る語も小文字になっています。解答は、下の解答らんに書きなさい。

（１）５月は４月のあとにきます。

(① April　② May　③ comes　④ after).

１番目　３番目
.

解答らん　１番目　３番目

（２）あなたの大好きな教科は何ですか。

What (① your　② subject　③ is　④ favorite) ?

１番目　３番目
What ?

解答らん　１番目　３番目

（３）あなたの犬は何色ですか。

What (① dog　② your　③ is　④ color) ?

１番目　３番目
What ?

解答らん　１番目　３番目

（４）彼は体育館にいます。

He (① the　② gym　③ in　④ is).

１番目　３番目
He .

解答らん　１番目　３番目

（５）ベン、あなたの身長はどのくらいですか。

Ben, (① how　② are　③ tall　④ you) ?

１番目　３番目
Ben, ?

解答らん　１番目　３番目

（６）あの動物園でウサギを見ることができます。

(① can　② some rabbits　③ you　④ see) at that zoo.

１番目　３番目
at that zoo.

解答らん　１番目　３番目

（７）壁の絵を見て。

Look (① the　② on　③ picture　④ at) the wall.

１番目　３番目
Look the wall.

解答らん　１番目　３番目

（８）私はときどき川に泳ぎに行きます。

I (① swimming　② in　③ go　④ sometimes) the river.

１番目　３番目
I the river.

解答らん　１番目　３番目

2020年度　中学入試問題　英語　Listening　本試　　※音声は収録しておりません

これから、英語・リスニングの問題を始めます。問題用紙は、その１と、その２です。
リスニング問題は、第１部から第３部まであります。英文は２度放送されます。
解答時間はそれぞれ１０秒です。途中でメモを取ってもかまいません。

第１部

イラストを参考にしながら対話と応答を聞き、最も適切な応答を１，２，３の中から一つ選び、その番号を書きなさい。問題は No.1 から No.5 まで、５題です。解答は、下の解答欄に書きなさい。

A　1. Good morning, Sam.
B　Good morning, Mom.
A　Wash your face before breakfast.

1. Yes, please.
2. All right.
3. Me, too.

A　2. Look at this picture.
B　Is he your father ?
A　Yes, he is. He is a pianist.

1. That's great.
2. You're welcome.
3. Good idea.

A　3. Do you want tea or coffee ?
B　I want tea, please.
A　How about you, Ted ?

1. Have a nice day.
2. Fine, thanks.
3. Coffee, please.

A　4. Excuse me. Do you speak English ?
B　Yes, some.
A　Where is Shizuoka hospital ?

1. It's near the City library.
2. Please close the window.
3. See you later.

A　5. Please come to my birthday party.
B　When is your birthday ?
A　Next Sunday.

1. No, I don't.
2. Have a nice day.
3. OK. See you next Sunday.

第２部

対話と質問を聞き、その質問の答えとして最も適切なものを１，２，３，４の中から一つ選び、その番号を書きなさい。問題は No.1 から No.5 まで、５題です。解答は、下の解答欄に書きなさい。

1.　B：Do you play tennis every day, Nancy ?
A：No, I don't. I play it on Tuesday and Friday.
B：Do you play the piano on Saturday ?
A：Yes. I play it on Sunday too.

Question: Does Nancy play the piano on Sunday ?

2.　B：Where do you come from, Lisa ?
A：I come from Canada. But my father lives in Australia now.
B：Does your brother live in Australia too ?
A：No, he doesn't. He lives in Hawaii.

Question: Where does Lisa's father live ?

3.　A：Hi, Ken. That's a nice jacket.
B：Thank you, Alice. It's my father's.
A：Do you like it ?
B：Yes, I do.

Question: Whose jacket is it ?

4.　A：How does your mother go to work, Mike ?
B：By bike.
A：How about your father ?
B：He walks to his office.

Question: How does Mike's mother go to work ?

5.　Ａ ：Can I help you ?
　Ｂ ：Yes. Can I have a glass of juice and some sandwiches ?
　Ａ ：How about pizza ?
　Ｂ ：No, thank you.
Question: Where is he now ?

第３部

英文と質問を聞き、その答えとして最も適切なものを１，２，３，４の中から一つ選び、その番号を書きなさい。問題はNo.1からNo.5まで、５題です。解答は、下の解答欄に書きなさい。

1. A red plate in that store is 5 dollars.　A blue plate is 10 dollars. A yellow plate is 15 dollars.
   Question: How much is a blue plate ?

2. January 1st is Wednesday. February 1st is Saturday. March 1st is Sunday.
   Question: Is March 1st Wednesday ?

3. Matt likes tomatoes. Bill likes apples. Tomoko doesn't like carrots.
   Question: Who likes apples ?

4. Sam is playing the guitar. His mother is cooking. Sam's brother is playing baseball.
   Question: What is Sam's mother doing ?

5. Tony's school has 46 boys, 54 girls and 15 teachers.
   Question: How many students does Tony's school have ?

以上で、リスニング問題は終わりです。引き続き、筆記問題を解きなさい。

二〇二一年度・中　A

国語　その1

（50分）

静岡英和女学院中学校

受験番号

氏名

※100点満点
（配点非公表）

問題一　次の――を引いてある漢字の読みかたを、ひらがなで書きなさい。

1　新しいクラスに慣れた。

2　私の元気の源は母の笑った顔だ。

3　行進の旗手を務める。

4　外国との貿易で発展した国。

5　バスの中で点呼をとる。

6　姉は合唱部に所属している。

問題二　次の□の中に漢字を書きなさい。

1　複雑な機械を□《あやつ》る。

2　熱いお茶を□《そそ》ぐ。

3　たまったゴミをとり□《のぞ》く。

4　三月に小学校を□《そつぎょう》する。

5　高い建物と低い家が□《こんざい》している。

6　自分の町の□《れきし》を調べる。

7　この本から大切な□《きょうくん》を学んだ。

8　父は□《うんゆ》の仕事をしている。

問題三　次の熟語の成り立ちは、あとのア～カのどれにあたりますか。それぞれ記号で答えなさい。

1　明暗　□

2　特急　□

3　非常　□

4　永久　□

5　最高　□

6　投票　□

ア　上の漢字が下の漢字を説明するもの。（例　青空）
イ　上の漢字が動作を表し、下の漢字がその目的になっているもの。（例　消火）
ウ　同じか、似たような意味の漢字を重ねたもの。（例　寒冷）
エ　反対か、対応する意味の漢字を重ねたもの。（例　善悪）
オ　上の漢字が下の漢字の意味をうち消すもの。（例　不利）
カ　長いことばを省略したもの。（例　国連）

問題四　次の文の――の述語に合う主語を、それぞれぬき出して答えなさい。

1　遠くから　電車の　音が　聞こえる。

2　わが家の　庭の　木は　屋根より　高い。

3　今日の　天気は　予報に　よると　雨だ。

4　朝早く　起きると　鳥の　声が　聞こえて　気持ちが　よい。

5　向こうから　弟も　うれしそうに　走って　きた。

6　列の　いちばん　前に　いる　人こそ　わたしたちの　先生だ。

国語 その2

受験番号

氏名

問題五 次の文章を読んで、あとの問いに答えなさい。

ヒナコは電車の中にいる。ロングシートの席にすわって、さっきからため息を何度も飲みこんで。

赤ちゃんをだっこして、小さなおにいちゃんも連れたお母さんが、目の前に立っている。片手で赤ちゃんのおしりを支え、片手をおにいちゃんの手とつないで、つりかわにつかまることもできずに、両足をふんばって、なんとか体を支えている。

席をゆずってあげたい――。いつもなら、ためらうことなく立ち上がって、「ここ、どうぞ」と声をかけているはずだ。

でも、今日はダメ。悪いけど、今日はダメ。ごめんなさい。

頭が痛い。ちょっと気分も悪い。乗り物酔《よ》いをしてしまったようだし、背中がゾクゾクして寒けもするから、もしかしたらかぜをひきかけているのかもしれない。こんな体調で席をゆずったら、こっちがたおれてしまう。

お願い、許してください、と心の中であやまった。まわりのひとには頭痛も寒けもわからない。だから、わたしのことを「なんて［A］なんだ」と思っているかもしれない、と想像するだけで、ヒナコは泣きそうになってしまう。

となりの席のおじさんが「どうぞ」とお母さんに席をゆずった。お母さんはホッとした様子で「ありがとうございます」とお礼を言ってすわった。よかった。ヒナコまでホッとした。

でも、お母さんと入れかわりにヒナコの目の前に立ったおじさんは、①小さく舌打ちをした。

おこってる――？　わたしのことを――？

ちがうのに。わたしは席を「ゆずらなかった」のではなく、「ゆずりたくてもゆずれなかった」のに。お願い、わかってください。ノートに『［B］』と書いて、看板みたいに持っていようか。そうすればみんなもわかってくれる。だけど、それもうそだと思われたら……どうしよう……。

電車は走る。ヒナコの降りる駅はまだずっと先だったが、次の駅で降りよう、と決めた。ホームのベンチにすわって少し休もう。

②この電車には、もう乗っていたくない。ヒナコはうつむいた。まぶたが急に熱くなって、［C］がぽとんとひざに落ちた。

サユリは電車の中にいる。ロングシートの席にすわって、さっきから③ワクワクした胸の高鳴りをおさえて。

目の前に、松葉《まつば》づえをついたおねえさんが立っている。骨折したのだろう、左脚《あし》に真新しいギプスをつけて、松葉づえを何度もにぎり直して、ゆれる電車の中で立っているのは大変そうだ。

席をゆずろう――。生まれて初めてのことだ。両親や学校の先生に教わった「助け合いの心」を発揮するチャンスを、ずっと待っていた。ついに、やっと、そのときがおとずれたのだ。

「あの……ここ、どうぞ！」

立ち上がって、おねえさんに声をかけた。やった。うまく言えた。にっこり笑うこともできた。

おねえさんは小さく会釈《えしゃく》をして、すわった。

それだけ――？

会釈のときに低い声でぼそっと「あ、どーも」と言ったきり、お礼の言葉も感激の笑顔《えがお》もない。せっかく勇気を出してゆずってあげたのに、まるでそんなの当然のことだとでも言うように……いや、べつにどっちでもいいんだけど、というほうが近いだろうか。とにかくおねえさんはめんどうくさそうにすわって、イヤホンで音楽をききはじめたのだ。

がっかりした。感謝してくれないんだったら席をゆずらなきゃよかった、と思った。

あーあ、とつりかわにつかまっていたら、となりに立っていたおばさんが「えらいわねえ」と、にこにこ笑いながらほめてくれた。よかった。ちゃんとわかってくれるひとがいた。まわりのひともこっちを見ている。サユリは胸を張って言った。

「だって、困ってるひとやかわいそうなひとを助けてあげるのは当然のことです！」

④おばさんは「そうね、そのとおりね」と――言ってくれなかった。にこにこと笑っていた顔が一しゅんこわばったように見えた。

まわりのひとたちが目をそらしていることにも気づいた。

どうしてほめてもらえなかったのか、サユリにはわからない。ただ、周囲の空気が急にどんよりと重くなって、なんともいえずいごこちが悪くなってしまった。

もう、おばさんはサユリに声をかけてこない。おねえさんは音楽をききながら雑誌をめくっている。「この子にちゃんとお礼を言いなさいよ」とおばさんが言ってくれればいいのに。まわりのひとも、恩知らずのおねえさんを冷たい目で見てくれればいいのに。でも、なんだか逆に、サユリのほうがみんなにしかられているような気がしてしかたない。

なんで？　ねえ、なんで――？

電車は走る。サユリはつりかわを強くにぎりしめる。なにがなんだかわからないまま、⑤さっきの一言をおねえさんに聞かれなくてよかったのかもしれないと、ふと思った。なぜそう思ったのかも、わからないまま、だったけれど。

（重松　清『きみの町で』新潮文庫刊より）

二〇二一年度・中　A

国語

その3

受験番号

氏名

問1　A　にあてはまることばとして最もよいものを、次のア〜エの中から選んで、記号を〇で囲みなさい。

ア　すがすがしい子ども
イ　ひどい子ども
ウ　やさしい子ども
エ　悲しい子ども

問2　――①「小さく舌打ちをした」とありますが、おじさんはなぜそうしたのですか。文中のことばを使ってわかりやすく説明しなさい。

問3　B　にあてはまることばを考えて書きなさい。

問4　――②「この電車には、もう乗っていたくない」とありますが、このときの「ヒナコ」の気持ちをわかりやすく書きなさい。

問5　C　にあてはまることばを書きなさい。

問6　――③「ワクワクした胸の高鳴り」とありますが、なぜワクワクしているのですか。その理由を文中からひと続きの二文でぬき出し、初めと終わりの五字を書きなさい。（句読点も一字と数えます。）

〜

問7　――④「おばさんは『そうね、そのとおりね』と――言ってくれなかった」とありますが、それはなぜですか。その理由をわかりやすく説明しなさい。

問8　――⑤「さっきの一言」とはどのことばを指していますか。文中からぬき出しなさい。

問題六　次の文章を読んで、あとの問いに答えなさい。

これまでに、チンパンジーに絵を描《えが》かせる研究が多くなされています。ひじょうに有名なのは、ロンドン動物園にいたデズモンド・モリスが、一九六〇年ごろに「コンゴ」という名のチンパンジーにやらせたお絵かきの研究です。

絵を描く道具、紙とクレヨンなどをあたえると、チンパンジーは一生けん命描きます。ごほうびをやらなくても、放っておいても描くし、つぎの紙をやるとまた描く。そして、何を描くのかずっと研究したら、構図のようなものを考えているようだということがわかったのです。

線をなぐりがきするのですが、よく見ていると、どこに描くかを考えながらやっているようなのです。［A］、円の真ん中が欠けているパックマンのような形を描いておくと、欠けているところを一生けん命描こうとします。また、何か図形があると、その中だけに描くとか、そんなことをするのです。自分が手を動かすと何かが描ける。［B］、手を動かす場所を決めてやれば、自分の思いのところにそれを描くことができる、というところまではチンパンジーにもできるようです。

人間の子どもも、お絵かきのときに①同じことをします。私も自分の孫がするのを見ていました。最初はなぐりがきです。そのうちに、ぐるぐると渦《うず》みたいなものを描くようになりました。チンパンジーもそこまでは同じことをします。

ところが、そこから差が出てきます。チンパンジーは描いたものが何か、よくわかっていないようです。一方、人間の子どもは三さいを過ぎるころから、丸を描いた中に何かを描いて、人間の顔だと言いだすのです。［C］、描いたものは外界のもの、広い意味で外界の事物のコピーであるという認識《にんしき》が出てくるのです。

チンパンジーのコンゴも、似たような丸を描いて、中にチョンチョンをつけたようなものも描きました。しかし、自分の顔だと認識しているようすはまったくありません。それを受けて最近、京都大学野生動物研究センターの齋藤亜矢さん（現、京都造形芸術大学准《じゅん》教授）がおこなった②おもしろい研究があります。

チンパンジーの子どもと人間の子どもに、同時に同じ課題で絵を描かせたのです。まず、チンパンジーの顔の絵をあたえます。外側のふさふさの毛の部分が描いてある輪《りん》かくだけの絵で、顔のところには眼《め》も鼻も口も何もありません。チンパンジーと人間の子どもに同時にそれをあたえると、人間の子どもは「お目目ない」などと言いながら、目を描きます。［D］、チンパンジーはそんなことはしません。まわりの毛をなぞりながら、ぐじゃぐじゃと描くだけです。

チンパンジーには、これがチンパンジーの顔を描こうとしたものだという認識はありません。一方、人間の子どもはあたえられた絵を見ただけで、これはチンパンジーの顔であり、お目目がないからくっつけなきゃと思う。③そういうところがまったくちがうということがわかってきたのです。

動物は、絵を描くという行動はいくらでもできるけれど、④それが具体的に何を意味しているのかという具象性の認識がまったくありません。

一方、人間は、描いたものが実際に外界にある何かをコピーしているものだということがわかるのです。まわりにあるものの中で、人が最初に描き出すのは、人の顔ということになっています。人の顔が形としてもっとも認識しやすいようです。それで、顔を描くようになると、こんどはさかんに［I］した人の顔を描きます。私の孫たちもそうでしたが、よく似た図形を描いて、「これはじーじ」「これはばーば」「これは自分」と言うのです。そこでわかることは、人間は画面上に外界のもののコピーをつくることができるということです。しかも、そのコピーは外界の※普遍《ふへん》的な何かではなくて、個別のものを表現している。つまり、⑤これはじーじ、これはばーば、これは自分というふうに、意図的にコピーすることができるのだと認識するわけです。

技術的には同じ表現のものを、これは何、これは何と言うことは、かれらの頭の中に言語であらわされるいろいろな※概念《がいねん》があって、その概念を図形化できる能力が出てきているからなのです。

それは、人間とチンパンジーとがまったくちがうところで、チンパンジーはそういうことはおそらく全然ないと思います。だから⑥自発的に何かを描くということをしません。目鼻のないチンパンジーの顔の中に目鼻を描くということもしません。

（岩田　誠『上手な脳の使いかた』岩波ジュニア新書より）

※「普遍的」…すべてのものに共通しているようす。

※「概念」…ものごとに対する考え方や受け取り方。

国語 その5

受験番号

氏名

問1 [A]～[D]にあてはまることばを、次のア～オの中から選んで、それぞれ記号で答えなさい。

ア つまり　イ しかも　ウ ところが　エ あるいは　オ たとえば

A　B　C　D

問2 ――①「同じこと」とありますが、人間の子どもとチンパンジーがお絵かきのときに共通して行うことは何ですか。文中のことばを使って書きなさい。

問3 ――②「おもしろい」とありますが、ここで使われている「おもしろい」ということばの意味を、次のア～エの中から一つ選んで、記号を○で囲みなさい。

ア 気分が楽しい　イ 興味が持てる　ウ 笑いたくなる　エ 味わい深い

問4 ――③「そういうところがまったくちがう」とありますが、チンパンジーと人間はどういうところがちがうのですか。文中のことばを使ってわかりやすく説明しなさい。

問5 ――④「それ」が指しているものを、文中からぬき出しなさい。

問6 [I]には「ひとつの型や同類の型にあてはめる」という意味のことばが入ります。そのことばを、次のア～エの中から一つ選んで、記号を○で囲みなさい。

ア イメージ化　イ グループ化　ウ パターン化　エ デザイン化

問7 ――⑤「これはじーじ、これはばーば、これは自分というふうに、意図的にコピーすることができる」とありますが、その理由が述べられている一文の初めの五字を書きなさい。

問8 ――⑥「自発的」の反対の意味を表すことばを、あとの漢字を組み合わせて完成させなさい。

□□的

漢字　力　制　他　強　主　限　協

（25分）

算　数　その１

2021年度・中

受験番号		氏名	

算数Ａ（その１，その２）　※50点満点（配点非公表）

（この線の上は使わないでください。解答欄には式や考え方を書きなさい。）

１．次の □ にあてはまる数を書き入れなさい。

(1)　$3174-638+326=\square$

(2)　$1.08+8.76\div3-3.5=\square$

(3)　$2.79\div0.62=\square$

(4)　$3\frac{1}{3}\div\frac{14}{9}\times\frac{21}{20}=\square$

(5)　$1.8\div\frac{4}{5}\div1.5=\square$

(6)　$\frac{5}{18}+\frac{4}{9}-\frac{7}{12}=\square$

(7)　$4.7\times0.43+5.3\times0.43=\square$

(8)　$3\div\left(1\frac{1}{3}-\square\right)\div\frac{9}{5}=3$

算　数	その２

2021年度・中

受験番号		氏名	

（この線の上は使わないでください。解答欄には式や考え方を書きなさい。）

２．次の(1)～(3)の問いに答えなさい。

(1)　リンゴとみかんを１０個ずつ買ったところ，リンゴの代金はみかんの代金よりも１００円高くなりました。このとき，次の①，②の問いに答えなさい。

①　リンゴ１個の値段は，みかん１個の値段よりいくら高いでしょうか。

円

②　リンゴ１個の代金を１５０円とします。リンゴとみかんを２０個ずつ買うと，２割引きにしてくれました。このとき，支払った代金はいくらでしょうか。

円

(2)　兄は分速９０ｍ，弟は分速７５ｍの速さで歩きます。いま，二人が家を同時に出発し，反対方向に歩き始めました。このとき，次の①，②の問いに答えなさい。

①　５分後に，２人は何ｍはなれていますか。

ｍ

②　２人が3.3㎞はなれるのは，出発してから何分後ですか。

分後

(3)　２つの三角定規を使ってできる下の①，②の角の大きさを求めなさい。

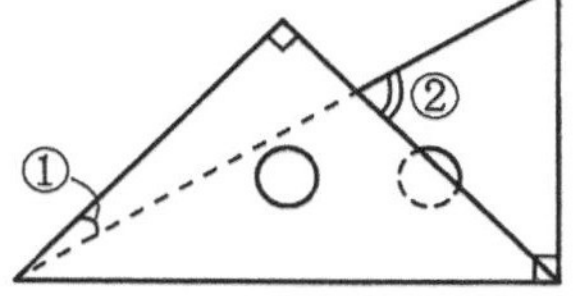

①　　　　度　②　　　　度

３．４０人のクラスで，弟と妹がそれぞれいるかどうか調べました。その結果，弟のいる人が１８人，妹のいる人が１６人，弟も妹もいる人はクラスの１５％でした。このとき，次の(1)，(2)の問いに答えなさい。

(1)　弟も妹もいる人は何人ですか。

人

(2)　弟も妹もいない人は何人ですか

人

４．下の図のような１辺１０㎝の正方形ABCDがあります。正方形ABCDの２本の対角線AC，BDの交わる点をOとします。AD，BCを直径とし，点Oを通る半円を２つ作りました。このとき，次の(1)，(2)の問いに答えなさい。
ただし，円周率は3.14とします。

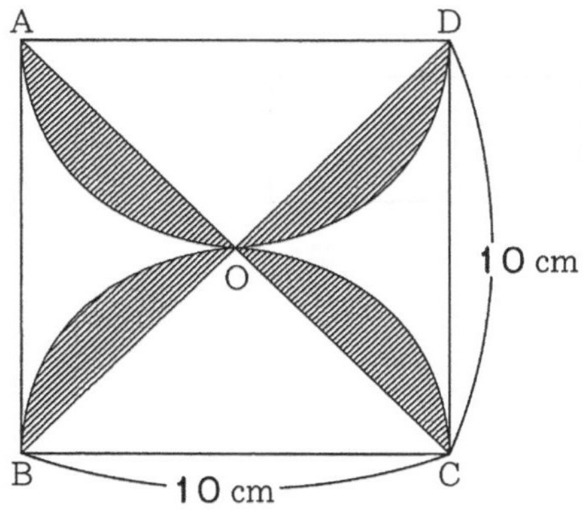

(1)　三角形OBCの面積を求めなさい。

cm²

(2)　斜線をひいた部分の面積を求めなさい。

cm²

(25分)

算　数　その 3

2021年度・中

受験番号		氏名	

算数B（その３，その４）　※50点満点（配点非公表）

（この線の上は使わないでください。解答欄には式や考え方を書きなさい。）

5．次の(1)～(4)の問いに答えなさい。

(1)　面積 4 cm^2 のひし形があります。対角線の長さが 1 本は 3.2 cmです。もう 1 本の対角線の長さを求めなさい。

cm

(2)　周囲の長さが 12.56 cmの円の直径を求めなさい。

cm

(3)　正五角形の 1 つの角の大きさを求めなさい。

度

(4)　1 辺の長さが 3 cmの正六角形をかきなさい。

6．英子さんの 4 回のテストの平均が 65 点でした。
このとき，次の(1)，(2)の問いに答えなさい。

(1)　5 回目のテストの結果が 80 点のとき，5 回のテストの平均は何点ですか。

点

(2)　5 回のテストの平均を 70 点以上にするには，5 回目は何点以上とればいいですか。

点

7．1 辺の長さが 12 cmの正方形があります。この正方形の四すみを正方形に切り取って 4 辺を立ち上げ，ふたのない箱を作るとき，次の(1)，(2)の問いに答えなさい。ただし，正方形の厚みは考えないこととします。

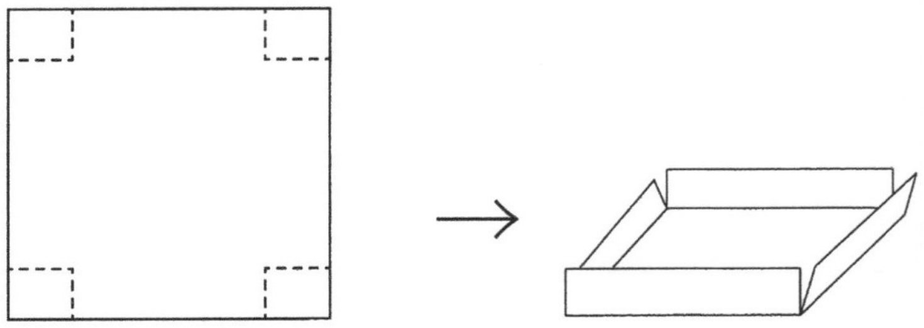

(1)　下の対応表を完成しなさい。

切り取る正方形の長さ	1 cm	2 cm	3 cm	4 cm	5 cm
容積	cm^3	cm^3	cm^3	cm^3	cm^3

(2)　(1)の表から，容積が一番大きくなるときの，切り取る正方形の 1 辺の長さを求めなさい。

cm

受験番号		氏名	

（この線の上は使わないでください。解答欄には式や考え方を書きなさい。）

8．木の根元から１０ｍはなれたところから木を見上げると４５°ありました。このときの木の高さを求めなさい。

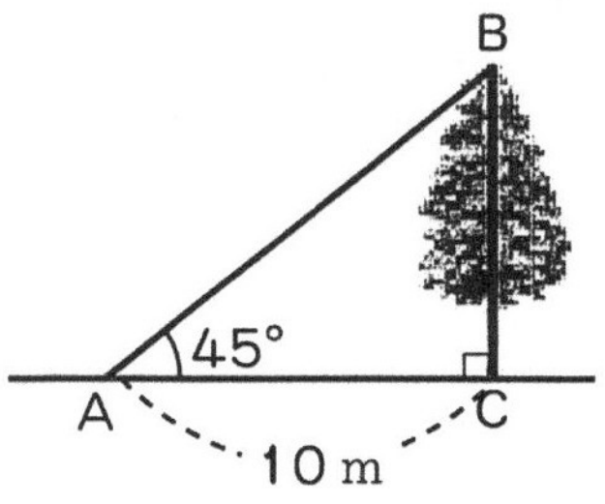

ｍ

9．下図のような中が空の立体があります。一定の割合で水を入れると，４cmの深さまで入れるのに７秒かかります。
このとき，次の(1)～(3)の問いに答えなさい。

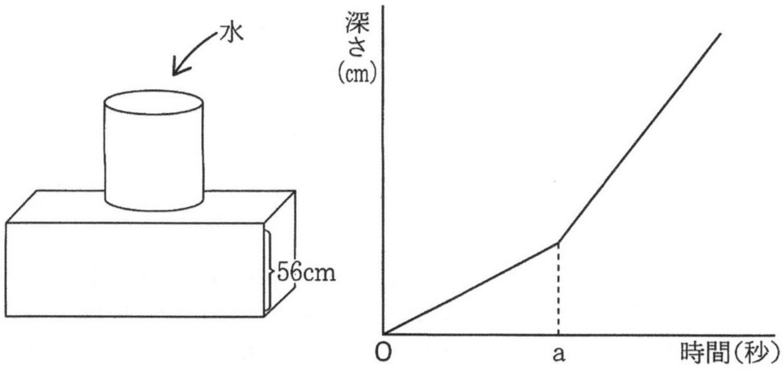

(1)　水を入れはじめてから１４秒後の水の深さを求めなさい。

cm

(2)　水の深さが４０cmになるのにかかる時間を求めなさい。

秒

(3)　グラフのａの値を求めなさい。

10．小学生が長いすに３人ずつすわると長イスのすべてにすわっても５人すわれません。また，４人ずつすわるとひとりもすわらないイスが１きゃくあります。このときのイスの数は何きゃくと考えられますか。考えられるすべての数を答えなさい。

きゃく

11．あ，い，う，え，おの５文字が書かれたカードが１枚ずつ全部で５枚あります。このとき，次の(1)，(2)の問いに答えなさい。

(1)　５枚から１枚ずつ３回カードを続けて選ぶとき，選んだ順にノートにメモしていきます。このとき，全部で何通りの文字の並び方があるでしょうか。

通り

(2)　(1)のように３枚選び，３文字の文字の並びを１つの言葉として，カードを作ります。そして，そのカードを５０音順に並べかえます。このとき，下のようなカードが並ぶのは何番目になりますか。

あ　お　い

番目

(25分)

英　語　その１

2021年度・中A

受験番号		氏 名	

※50点満点
(配点非公表)

【リスニング問題】リスニング問題は、第１部から第３部まであります。

※音声は収録しておりません

第１部　イラストを参考にしながら、対話と、そのあとの応答を聞き、最も適切な応答を１, ２, ３の中から一つ選び、その番号を書きなさい。問題はNo. １からNo. ５まで、５題です。解答は、それぞれ下の解答らんに書きなさい。英文は１度だけ放送されます。

No. 1

No. 2

No. 3

No. 4

No. 5

解答らん　No. 1 ☐　No. 2 ☐　No. 3 ☐　No. 4 ☐　No. 5 ☐

第２部　対話と質問を聞き、その答えとして最も適切なものを以下の１, ２, ３, ４の中から一つ選び、その番号を書きなさい。問題はNo. １からNo. ５まで、５題です。解答は、下の解答らんに書きなさい。英文は２度放送されます。

No. 1
1. Ice cream.
2. Tea.
3. Coffee.
4. Milk.

No. 2
1. Brown.
2. Red.
3. Pink.
4. Blue.

No. 3
1. 6:00.
2. 6:10.
3. 6:20.
4. 6:30.

No. 4
1. Amy's house.
2. Sam's house.
3. Mary's house.
4. Heather's house.

No. 5
1. Study math.
2. Study for the test.
3. Have a science test.
4. Do her homework.

解答らん　No. 1 ☐　No. 2 ☐　No. 3 ☐　No. 4 ☐　No. 5 ☐

受験番号		氏名	

第3部　英文と質問を聞き、その答えとして最も適切なものを以下の1, 2, 3, 4の中から一つ選び、その番号を書きなさい。問題はNo. 1からNo. 5まで、5題です。解答は、下の解答らんに書きなさい。英文は2度放送されます。

No. 1
1. David.
2. Bill.
3. Sandra.
4. Judy.

No. 2
1. Kate.
2. Peter.
3. Lucy.
4. Mike.

No. 3
1. Naomi and her mother.
2. Naomi's brother and her sister.
3. Naomi's brother and her mother.
4. Naomi's sister and her mother.

No. 4
1. Ellen and John.
2. Kent and Nancy.
3. Kent and John.
4. Tom and Nancy.

No. 5
1. Tony and Rick.
2. Rick and Paul.
3. Frank and Tony.
4. Tony and Steve.

解答らん

No. 1	No. 2	No. 3	No. 4	No. 5

英　語　その３

2021年度・中A

受験番号		氏　名	

【筆記問題】

１．次の（１）から（４）までの（　　　）に入れるのに最も適切なものを１, ２, ３, ４の中から一つ選び、その番号を書きなさい。解答は、下の解答らんに書きなさい。

（１）What time do you (　　　) go to school?

1. pretty　2. rainy　3. usually　4. slowly

（２）Sam comes here (　　　) the afternoon.

1. of　2. on　3. to　4. in

（３）Mike is running in the (　　　).

1. rock　2. foot　3. park　4. fast

（４）My sister is (　　　) a letter.

1. playing　2. writing　3. eating　4. doing

解答らん　（１）　　（２）　　（３）　　（４）

２．次の（１）から（５）までの対話について、（　　　）に入れるのに最も適切なものを１, ２, ３, ４の中から一つ選び、その番号を書きなさい。解答は、下の解答らんに書きなさい。

（１）*Man* : When do you play the piano?

Woman : (　　　).

1. After dinner　2. In my room　3. Many times　4. Lucy and I

（２）*Mother* : I am cleaning the room. Can you help me?

Girl : (　　　).

1. No, thank you　2. You're welcome　3. Yes, you can　4. Sure

（３）*Boy* : (　　　)?

Girl : This red bag.

1. Where is your bag　2. Whose bag is this　3. Which bag is yours　4. What is it

（４）*Man* : What sport do you like?

Woman : (　　　).

1. No, I don't　2. Tennis　3. It's a ball　4. I play it

（５）*Mother* : Is this your bike?

Girl : (　　　).

1. Yes, please　2. All right　3. That's right　4. I see

解答らん　（１）　　（２）　　（３）　　（４）　　（５）

受験番号		氏名	

3．次の（1）から（8）までの日本文の内容を表すように、(　　　) 内の①から④までを並べかえ、□の中に入れなさい。
そして、1番目と、3番目の□に入るものの番号をそれぞれ書きなさい。
ただし、(　　　) 内では、文のはじめに来る語も小文字になっています。解答は、下の解答らんに書きなさい。

（1）私は6時に起きます。

I（①up　②at　③get　④six）.

1番目　3番目

I □ □ □ □ .

解答らん（1）　1番目 □　3番目 □

（2）水を一杯ほしいです。

I want（①glass　②water　③a　④of）.

1番目　3番目

I want □ □ □ □ .

解答らん（2）　1番目 □　3番目 □

（3）このペンはいくらですか。

（①much　②how　③is　④this）pen?

1番目　3番目

□ □ □ □ pen?

解答らん（3）　1番目 □　3番目 □

（4）野球はカナダで人気がありますか。

（①is　②popular　③in　④baseball）Canada?

1番目　3番目

□ □ □ □ Canada?

解答らん（4）　1番目 □　3番目 □

（5）今日の天気はどうですか。

（①is　②weather　③how　④the）today?

1番目　3番目

□ □ □ □ today?

解答らん（5）　1番目 □　3番目 □

（6）お花をありがとう。

（①the　②thank　③you　④for）flowers.

1番目　3番目

□ □ □ □ flowers.

解答らん（6）　1番目 □　3番目 □

（7）多くの女の子は、この曲が好きです。

（①of　②lot　③girls　④a）like this song.

1番目　3番目

□ □ □ □ like this song.

解答らん（7）　1番目 □　3番目 □

（8）私は2日間ここにいます。

I am（①for　②days　③here　④two）.

1番目　3番目

I am □ □ □ □ .

解答らん（8）　1番目 □　3番目 □

放送原稿

2021年度　静岡英和女学院中学校　入学試験　英語　Listening　　※音声は収録しておりません

これから、英語・リスニングの問題を始めます。問題用紙は、その１と、その２です。リスニング問題は、第１部から第３部まであります。解答時間はそれぞれ１０秒です。途中でメモを取ってもかまいません。

第１部

イラストを参考にしながら、対話と、そのあとの応答を聞き、最も適切な応答を１，２，３の中から一つ選び、その番号を書きなさい。問題は No. 1 から No. 5 まで、５題です。解答は、それぞれ下の解答欄に書きなさい。英文は１度だけ放送されます。

No. 1
Mother: What are you reading, Sam?
Boy: An English picture book, Mom.
Mother: Is it easy for you to read it?

Boy: 1. Yes, and it's fun.
2. That's great!
3. Yes, I can.

No. 2
Girl: Hi, I'm Megumi.
Boy: Hi, I'm Tom.
Girl: Where are you from?

Boy: 1. I am studying in New Zealand.
2. I will go to Canada.
3. I'm from England.

No. 3
Girl: What do you have in the box, Ken?
Ken: Some candies.
Girl: How many candies do you have?

Ken: 1. About twenty.
2. Strawberries and grapes.
3. They are very sweet.

No. 4
Woman: Excuse me. Do you speak English ?
Man: Yes, a little.
Woman: When does the next bus come?

Man: 1. It's near the station.
2. At eleven ten.
3. Let's speak in English.

No. 5
Girl: Hi, Bob. You have a nice bike!
Bob: Yes, I like it.
Girl: Is it new?

Bob: 1. No, I don't.
2. Yes, it is.
3. My brother likes it.

第２部

対話と質問を聞き、その質問の答えとして最も適切なものを問題用紙の１，２，３，４の中から一つ選び、その番号を書きなさい。問題は No. 1 から No. 5 まで、５題です。解答は、それぞれ下の解答欄に書きなさい。英文は２度放送されます。

No. 1
Boy: I want to have ice cream, Mom.
Mother: It's very cold today, David. How about hot milk?
Boy: Well, can I have tea?
Mother: Of course.

Question: What will David have?

No. 2
Mr. Brown: Sally, whose bag is that?
Sally: I don't know, Mr. Brown. Mine is pink. That's red.
Mr. Brown: I see.

Question: What color is Sally's bag?

No. 3
Man: What time does the movie start?
Woman: At 6:30. It's 6:10 now.
Man: Good. We have 20 minutes. Let's get some popcorn.

Question: What time is it now?

No. 4
Sam: Hi, Amy! Do you live near here?
Amy: Hi, Sam. My house is near the station. I am going to Mary's house.
Sam: I see. Where is her house?
Amy: Near the hospital.

Question: Whose house is near the hospital?

No. 5
Father: What are you studying, Sarah?
Sarah: I'm studying math. I have a test tomorrow.
Father: Oh, but you have science homework, too.
Sarah: Oh, yes! I will do it now!

Question: What will Sarah do now?

第３部
英文と質問を聞き、その答えとして最も適切なものを問題用紙の１，２，３，４の中から一つ選び、その番号を書きなさい。問題は No. 1 から No. 5 まで、５題です。解答は、下の解答欄に書きなさい。英文は２度放送されます。

No. 1 Judy has a blue notebook and a red pen. Bill has a yellow notebook and a green bag.
David has a brown bag and a red notebook. Sandra has a green pen and a blue bag.

Question: Who has a green bag?

No. 2 Kate has 17 books and 30 CDs. Peter has 70 books and 13 CDs.
Lucy has 30 books and 70 CDs. Mike has 13 books and 17 CDs.

Question: Who has 70 CDs ?

No. 3 Naomi likes spaghetti and pizza. Her brother likes hamburgers and sandwiches.
Her sister likes hamburgers and pizza. Her mother likes spaghetti and sandwiches.

Question: Who like hamburgers?

No. 4 Tom is playing the piano in his room. Ellen is singing in the kitchen.
Kent is playing baseball at school. Nancy is reading a book in her bedroom.
John is having lunch at a restaurant.

Question: Who are NOT at home?

No. 5 Tony's birthday is August 3. Paul's birthday is February 17.
Steve's birthday is December 12. Frank's birthday is April 8.
Rick's birthday is July 19.

Question: Whose birthdays are in summer?

以上で、リスニング問題は終わりです。引き続き、筆記問題を解きなさい。

二〇二二年度・中　A

国語　その1

（50分）

静岡英和女学院中学校

受験番号

氏名

※100点満点
（配点非公表）

問題一

次の――を引いてある漢字の読みかたを、ひらがなで書きなさい。

1　林の中で大きな巣を見つけた。

2　急いで電車を降りる。

3　むだな文章を省く。

4　不要なものを倉庫にしまった。

5　美術館の入り口の絵が印象に残る。

6　窓から県庁の建物が見える。

問題二

次の□の中に漢字を書きなさい。

1　むずかしい役を□《えん》じる。

2　いなかの村で□《く》らす。

3　テーマパークの入場□《けん》。

4　クラスの目標を□《ていあん》する。

5　しょう来は□《いし》を目指している。

6　農業がさかんな□《ちいき》。

7　□《こうそう》ビルがそびえる町。

8　父の□《けつあつ》が高いのが心配だ。

問題三

次の文の――のことばは、あとのア～オのどれにあたりますか。それぞれ記号で答えなさい。

「[1]おや、これはめずらしい。」と先生が言ったので、みんながいっせいに先生のところに[2]集まる。[3]すると、先生は手のひらを広げ[4]大きな白い[5]貝がらをみんなに見せた。

ア　ものの名前を表すことば
イ　動きや動作を表すことば
ウ　ものの様子や状態を表すことば
エ　文と文をつなぐことば
オ　呼びかけや感動などを表すことば

1 □　2 □　3 □　4 □　5 □

問題四

次の□に動物の名前をひらがなで入れ、その意味を下のア～オの中から選んで、記号で答えなさい。

1　□に小判　意味 □

2　ふくろの□　意味 □

3　□も木から落ちる　意味 □

ア　すぐにあきらめてしまうこと。
イ　上手な者でも時には失敗すること。
ウ　大事なものの価値がわからないこと。
エ　夢中になるほど好きなこと。
オ　追いつめられてにげられないこと。

二〇二二年度・中 A

国語

その2

受験番号

氏名

問題五 次の文章を読んで、あとの問いに答えなさい。

お詫び
著作権上の都合により、文章は掲載しておりません。
ご不便をおかけし、誠に申し訳ございません。
教英出版

（中島らも『お父さんのバックドロップ』より）

二〇二二年度・中 A

国語 その3

受験番号

氏名

問1 ——①「気のない」の意味を、次のア～オの中から一つ選んで、記号を○で囲みなさい。

ア きょう味のない
イ 軽べつした
ウ がっかりした
エ 元気のない
オ けじめがない

問2 ——②「武者ぶるい」ということばの使い方として、ふさわしくないものを次のア～エの中から一つ選んで、記号を○で囲みなさい。

ア 今日が大事なテストかと思うと、武者ぶるいがする。
イ 委員長を任されたきん張と喜びで武者ぶるいがとまらなかった。
ウ 強い相手と戦った試合を思い出して武者ぶるいをした。
エ おそろしい映像と音声を見て思わず武者ぶるいが出た。

問3 ——③「あんなスピード」とありますが、このときの「スピード」をよく表している表現を文中から十字以内でぬき出しなさい。（句読点も一字と数える。）

問4 ——④「さっきのこうふん」とありますが、それはどこで、何を見たときの「こうふん」ですか。それぞれわかりやすく書きなさい。

どこで （で）

何を （を見たとき）

問5 ——⑤「タケルは、こうふんに水をさされてすこしシュンとなってしまった」とありますが、この時のタケルの気持ちをわかりやすく書きなさい。

問6 ——⑥「下田くんの明快な論理」とは、どのようなことですか。次のア～エの中から一つ選んで、記号を○で囲みなさい。

ア クマ殺しのカーマンは経済力や政治力で他のプロレスラーに負けてしまうということ。
イ いくら強くても現代は経済力や政治力や思想で勝った者につかわれてしまうということ。
ウ 女性や子どもでもピストルを持っていればどんな者にも勝って世の中を動かしていけるということ。
エ 空手が強くても武器には負けるということがわからないのは頭のよくないものだということ。

問7 ——⑦「〈いまの時代のけんか〉」とありますが、下田くんが言う「〈いまの時代のけんか〉」とはどのようなことですか。「…こと。」に続くように文中から二十五字以上三十字以内でぬき出し、初めと終わりの五字を書きなさい。（句読点も一字と数える。）

～ こと。

問8 ——⑧「きっと勝ちすすんでいくにちがいない」とありますが、タケルがこのように思った理由を、文中のことばを使ってわかりやすく説明しなさい。

国語　その4

受験番号

氏名

問題六　次の文章を読んで、あとの問いに答えなさい。

いまから一万年ぐらいむかしにはじまって、二三〇〇年ぐらい前までのあいだを、日本の歴史では、縄文《じょうもん》時代とよんでいます。

縄文時代の人びとは、まだ農業を知っていませんでした。人びとは、木の実や魚や鳥、けものをとって食べていました。食物をとるそのことだけで、毎日をくらしていました。木の実などは保存できますが、魚や鳥、けものなど、生のものはくさってしまいます。しかし、きびしい生活の中にあっても、わたしたち人間の祖先は、まずくてもただ食べられればいいということではなく、［A］、おいしいものをえらび、おいしく食べようとしていたのではないでしょうか。

［B］、火をおこす技術を知っていましたから、焼いたり、にたりして食べることもしていたと思います。

海べに住む人びとは、魚や貝をこのんで食べました。貝塚《かいづか》というのは、食べたあとの貝がらや、魚の骨のゴミすて場のあとです。

海べの人びとにとって、塩からい味はごくふつうだったことでしょう。海水や潮だまりにできた塩から、塩味もおぼえます。土器を使って、魚や貝をにて食べようとすれば、海水ならにつめるほどに塩からくなります。（　Ⅰ　）になるまで熱してしまったときは、土器の内がわに、白い塩もついたと思います。それは、（　Ⅱ　）をにつめれば（　Ⅲ　）がとれるという発見になります。

こうして、塩味をおぼえた人びとは、そのおいしさから、すすんで塩を使うようになりましたが、塩味の習慣は、じつはもっと大切なことを人びとに教えてくれました。

それは、塩で濃《こ》い味つけをしておくと、生の魚や貝が、くさりにくくなることです。みなさんもよく知っている「塩づけ」のはじまりです。その日その日の食物をとらなくてはいけない縄文時代の人びとにとって、きょうとれた魚が、いく日か保存できることは、それはたいへんな助けとなります。

［C］、塩づけの方法は、鳥やけものの肉にも応用されたことでしょう。山に住む人びとも、塩づけの方法をきけば、塩がほしくなります。とうぜん、山の人びとは①山でとれる食物を持って、海べの人びとの塩と、交かんしようとすることでしょう。

たくさんの塩が必要となってきました。これまでは、家族が使うだけの量があればよかったのです。土器に海水を入れて、料理のときにいっしょににつめるくらいでも、まにあいました。しかし、物ぶつ交かんのための塩となると、もっとたくさんの塩がとれなくてはなりません。

みなさんは、（　　　　Ⅳ　　　　）と、かんたんに考えるかもしれません。やりかたとしてはそれでいいのですが、それをじっさいにやるとなると、いまの道具を使ってやってもたいへんです。海水中の塩の量は、海水一〇〇グラムにつき三・五グラム（三・五パーセント）しかありません。しかも、これだけの塩をとるのに、につめるのに使うまきの量は、みなさんが想像する以上にたくさん必要です。時間もかかります。②困難なことは、それだけではありません。むかしの土器は、つくりかたがまだ未熟でしたから、熱しているあいだにわれることも多かったはずです。ようやくつくった土器が、につめていてわれてしまったら、土器づくりからもう一度やりなおしです。

縄文時代の人びとにとって、こんなことをくり返していたら、わずかの塩がとれても、その日の食事のための食物を手にいれることは、できなくなります。

もっと③能率のよい塩づくりの方法が、発見されなくてはなりません。それにも、けっきょく長い長い時代が必要でした。それは、狩《か》りや魚とりを中心にした、④人びとのくらしのしかたが、根本からかわる時代まで、待たなくてはなりませんでした。わたしたちの国に、米づくりを中心とした農業がはじまる時代までです。

（大竹三郎『塩づくりとくらし』より）

二〇二二年度・中A

国語 その5

受験番号

氏名

問1 [A]～[C]にあてはまることばを次のア～エの中から一つずつ選んで、それぞれ記号で答えなさい。

ア もちろん　イ けっして　ウ やはり　エ すでに

A [　]　B [　]　C [　]

問2 〔 Ⅰ 〕にあてはまることばを次のア～エの中から一つ選んで、記号を○で囲みなさい。

ア てかてか　イ ふらふら　ウ からから　エ べとべと

問3 〔 Ⅱ 〕、〔 Ⅲ 〕にあてはまることばを文中からそれぞれぬき出しなさい。

Ⅱ [　]　Ⅲ [　]

問4 ――①「山でとれる食物を持って、海べの人びとの塩と、交かんしようとすること」とありますが、このことを何と言いますか。文中からぬき出しなさい。

問5 〔 Ⅳ 〕にあてはまることばを考えて書きなさい。

問6 ――②「困難なこと」とありますが、塩づくりが困難だったことには、どのような理由があると筆者は言っていますか。三つ書きなさい。

問7 ――③「能率のよい塩づくりの方法」とありますが、どのように塩をつくることが「能率のよい塩づくりの方法」なのですか。次の文の[　]にあてはまることばを書きなさい。

[　]時間で[　]の塩をつくること。

問8 ――④「人びとのくらしのしかたが、根本からかわる」とありますが、どのようなくらしからどのようなくらしに変わりましたか。文中のことばを使って書きなさい。

問9 この文の内容に合っている題名としてふさわしいものを次のア～エの中から一つ選んで、記号を○で囲みなさい。

ア 塩づけの伝統
イ くらしの中の塩
ウ はじめての塩づくり
エ 塩味のおいしさ

(25分)

算　数　その1

2022年度・中

受験番号		氏名	

算数Ａ(その１，その２)　※50点満点
(配点非公表)

(この線の上は使わないでください。解答欄《らん》には式や考え方を書きなさい。)

1．次の□にあてはまる数を書き入れなさい。

(1)　$1237-684-316=$ □

(2)　$26.6\div17.5=$ □

(3)　$\dfrac{21}{10}\div\dfrac{15}{16}\times\dfrac{5}{12}=$ □

(4)　$\dfrac{5}{12}+\dfrac{13}{15}-\dfrac{11}{20}=$ □

(5)　$1.4\times2.1-1.4\times1.7+1.6\times1.4$

$=$ □

(6)　$\left(\dfrac{8}{15}-\dfrac{7}{18}\right)\times180=$ □

(7)　$5.2:6=13:$ □

受験番号		氏名	

（この線の上は使わないでください。解答欄《らん》には式や考え方を書きなさい。）

２．次の□にあてはまる数を書き入れなさい。

(1)　12.8 km ＝ □ m

(2)　0.2 時間 ＝ □ 分

(3)　9800 円の２割引は □ 円です。

３．１，２，３，４，５の数字の書かれた５枚のカードから，３枚のカードを使って３けたの整数をつくります。このとき，400 より大きい整数は何個ありますか。

□ 個

４．次の角柱の体積を求めなさい。

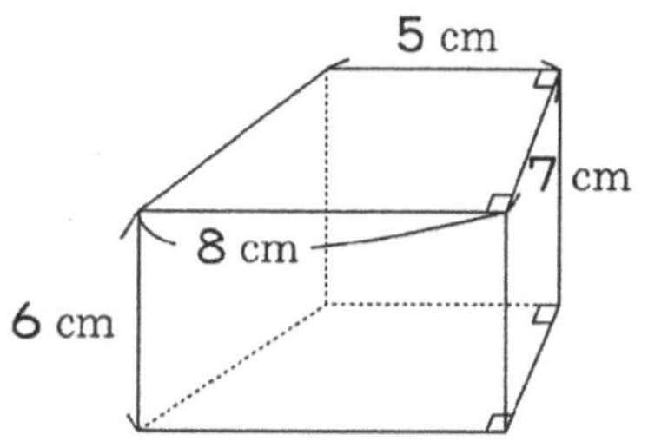

□ cm^3

５．１０％の食塩水A，６％の食塩水Bがある。このとき，次の問いに答えなさい。

(1)　食塩水Aと食塩水Bを 200 gずつ混ぜあわせたら，何％の食塩水ができますか。

□ ％

(2)　食塩水A，Bを５：３の割合で混ぜると，何％の食塩水ができますか。

□ ％

(3)　(2)の食塩水を 400 gつくります。この食塩水から水を蒸発させて１０％の食塩水をつくるには，水を何g蒸発させればよいですか。

□ g

（25分）

算　数　その３

2022年度・中

受験番号		氏名	

算数Ｂ（その３，その４）　※50点満点（配点非公表）

（この線の上は使わないでください。解答欄《らん》には式や考え方を書きなさい。）

６．次の□にあてはまる数を書き入れなさい。

(1)　$13-3\times(36-24)\div6=$ □

(2)　$\left(3-5\div\frac{8}{3}\right)\div1.125=$ □

(3)　$0.01km^2+5000m^2=$ □ m^2

７．１個80円のりんごと１個90円のなしをあわせて20個注文したとき，代金は1710円になりました。このとき，りんごとなしのそれぞれの個数を求めなさい。

りんご□個，なし□個

８．Ａさんの家とＢさんの家は2.4 kmはなれています。それぞれ自分の家を同時に出発し，たがいの家に向かって歩いていきます。Ａさんが分速48 m，Ｂさんが分速42 mで歩いたとき，出発してから何分何秒後に２人は出会いますか。

□分□秒後

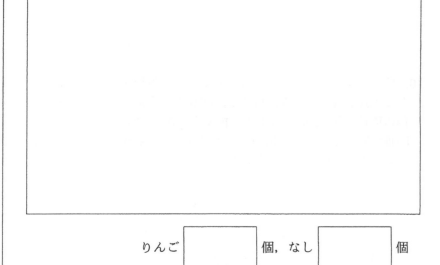

受験番号		氏名	

（この線の上は使わないでください。解答欄《らん》には式や考え方を書きなさい。）

9．496 の約数のうち，496 をのぞいたすべての約数をたすと，あわせていくつになりますか。

10．図Ⅰのような三角形ABCがあります。三角形ABCの頂点B，C が頂点Aと重なるように折ると，図Ⅱのようになります。また，頂点Bが頂点Cと重なるように折ると，図Ⅲのようになります。図Ⅲで同じ印をつけた角の大きさは等しいことを表しています。
このとき，次の問いに答えなさい。

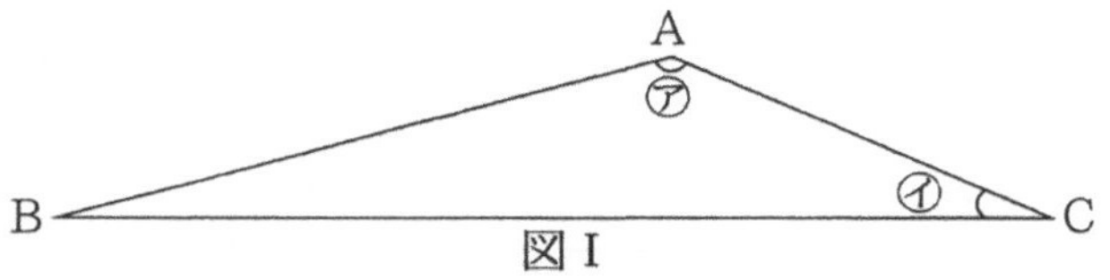

図Ⅰ

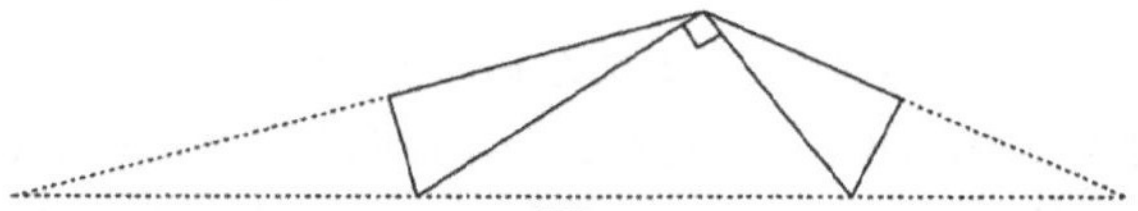
図Ⅱ

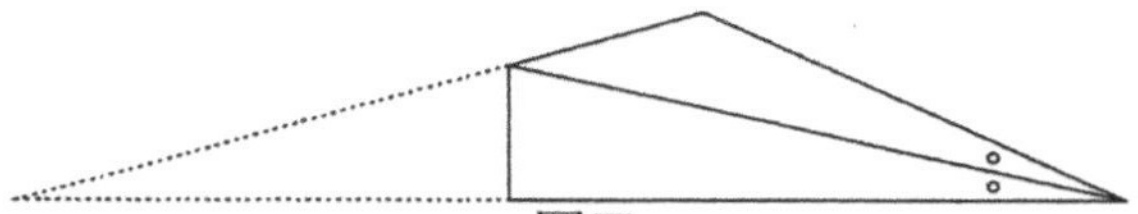
図Ⅲ

(1)　㋐の角の大きさは何度ですか。

度

(2)　㋑の角の大きさは何度ですか。

度

11．下の図のように，長さが同じ棒と大きさが同じ玉を使って，立方体をつなげたものをつくります。
このとき，次の問いに答えなさい。

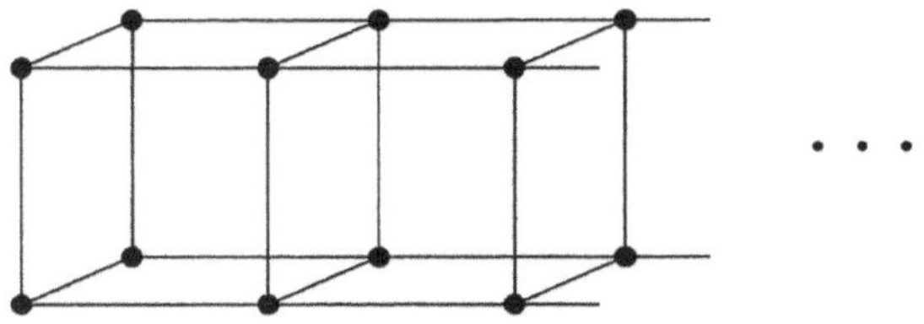

(1)　立方体を 6 個つくると，玉は何個使いますか。

個

(2)　棒を 100 本使うと，立方体は何個つくることができますか。また，そのとき玉は何個使いますか。

立方体　　個，玉　　個

(3)　立方体を 1000 個つくると，棒と玉はそれぞれいくつ使いますか。

棒　　本，玉　　個

(25分)

英　語　その１

2022年度・中Ａ

受験番号		氏　名	

※50点満点
（配点非公表）

【リスニング問題】リスニング問題は、第１部から第３部まであります。

※音声は収録しておりません

第１部　イラストを参考にしながら、対話と、そのあとの応答を聞き、最も適切な応答を 1, 2, 3 の中から一つ選び、その番号を書きなさい。問題は No. 1 から No. 5 まで、５題です。解答は、それぞれ下の解答らんに書きなさい。英文は１度だけ放送されます。

No. 1

No. 2

No. 3

No. 4

No. 5

解答らん　No. 1 [　]　No. 2 [　]　No. 3 [　]　No. 4 [　]　No. 5 [　]

第２部　対話と質問を聞き、質問の答えとして最も適切なものを以下の 1, 2, 3, 4 の中から一つ選び、その番号を書きなさい。問題は No. 1 から No. 5 まで、５題です。解答は、それぞれ下の解答らんに書きなさい。英文は２度放送されます。

No. 1
1. Coffee.
2. Tea and orange juice.
3. Tea.
4. Coffee and tea.

No. 2
1. In the living room.
2. In Beth's room.
3. In Sam's room.
4. In the dining room.

No. 3
1. Susan and Joe.
2. Joe and Susan's sister.
3. Susan and Joe's sister.
4. Joe and his sister.

No. 4
1. At 10:00.
2. At 10:03.
3. At 10:13.
4. At 10:30.

No. 5
1. On Monday.
2. On Wednesday.
3. Tomorrow.
4. On her birthday.

解答らん　No. 1 [　]　No. 2 [　]　No. 3 [　]　No. 4 [　]　No. 5 [　]

受験番号		氏名	

第３部　英文と質問を聞き、質問の答えとして最も適切なものを以下の1, 2, 3, 4の中から一つ選び、その番号を書きなさい。問題はNo. 1からNo. 5まで、５題です。解答は、それぞれ下の解答らんに書きなさい。英文は２度放送されます。

No. 1
1. Judy does.
2. Rick does.
3. Helen does.
4. Bill does.

No. 2
1. Ellen and Nancy did.
2. Tony and Kent did.
3. Kent and John did.
4. Nancy and Tony did.

No. 3
1. Mike and David are.
2. Sandra and Kate are.
3. Mike and Kate are.
4. Sandra and David are.

No. 4
1. Lucy did.
2. Lucy and her sister did.
3. Lucy and her brother did.
4. Lucy and her mother did.

No. 5
1. He was in the U.S.
2. He was in Japan.
3. He was in Sweden.
4. He was in China.

解答らん

No. 1	No. 2	No. 3	No. 4	No. 5

受験番号		氏名	

【筆記問題】

1．次の（1）から（4）までの（　　）に入れるのに最も適切なものをそれぞれ 1, 2, 3, 4 の中から一つ選び、その番号を書きなさい。解答は、下の解答らんに書きなさい。

（1）I want to (　　) the dance club.

1. play　2. get　3. join　4. go

（2）We (　　) walking in the park.

1. take　2. enjoy　3. clean　4. make

（3）Thank you (　　) the flowers, Emily.

1. for　2. in　3. to　4. with

（4）(　　) comes after August.

1. July　2. September　3. February　4. November

解答らん　（1）☐　（2）☐　（3）☐　（4）☐

2．次の（1）から（5）までの対話について、（　　）に入れるのに最も適切なものをそれぞれ 1, 2, 3, 4 の中から一つ選び、その番号を書きなさい。解答は、下の解答らんに書きなさい。

（1）*Man*：How's the (　　) in Tokyo?
Woman：It's cloudy.

1. time　2. season　3. date　4. weather

（2）*Mr. Brown*：Good morning, Ken. How are you?
Ken：Good morning, Mr. Brown. I'm fine, thank you. May I (　　) you a question?

1. tell　2. ask　3. talk　4. study

（3）*Boy*：Are you friends?
Girls：Yes. We (　　) in the same class.

1. are　2. am　3. do　4. have

（4）*Boy*：I practiced tennis very hard this morning.
Girl：(　　) did you practice?
Boy：About four hours.

1. When　2. Why　3. How many　4. How long

（5）*Woman*：You have a nice car. I like the color.
Man：Thank you. (　　).

1. That's a good idea.　2. I got it last Sunday.　3. I hope so.　4. I'm fine.

解答らん　（1）☐　（2）☐　（3）☐　（4）☐　（5）☐

受験番号		氏名	

3．次の（1）から（8）までの日本文の内容を表すように、(　　　) 内の①から④までを並べかえ、［　　］の中に入れなさい。そして、1番目と、3番目の［　　］に入るものの番号をそれぞれ書きなさい。
ただし、(　　　) 内では、文のはじめに来る語も小文字になっています。解答は、下の解答らんに番号で書きなさい。

（1）ここでは静かにしていなければなりません。

You (① be　② here　③ quiet　④ must).

You ［1番目］［　　］［3番目］［　　］.

解答らん（1）　1番目［　　］　3番目［　　］

（2）ジャックは私たちのチームの一員です。

Jack (① member　② is　③ a　④ of) our team.

Jack ［1番目］［　　］［3番目］［　　］ our team.

解答らん（2）　1番目［　　］　3番目［　　］

（3）何か飲みものはいかがですか。

Would (① to　② like　③ you　④ something) drink?

Would ［1番目］［　　］［3番目］［　　］ drink?

解答らん（3）　1番目［　　］　3番目［　　］

（4）あなたは歌うのが上手です。

You (① are　② singer　③ good　④ a).

You ［1番目］［　　］［3番目］［　　］.

解答らん（4）　1番目［　　］　3番目［　　］

（5）今日は晴れていません。

(① is　② fine　③ not　④ it) today.

［1番目］［　　］［3番目］［　　］ today.

解答らん（5）　1番目［　　］　3番目［　　］

（6）その部屋でだれが歌っているのですか。

(① is　② who　③ in　④ singing) the room?

［1番目］［　　］［3番目］［　　］ the room?

解答らん（6）　1番目［　　］　3番目［　　］

（7）あなたは今何を勉強していますか。

(① are　② studying　③ you　④ what) now?

［1番目］［　　］［3番目］［　　］ now?

解答らん（7）　1番目［　　］　3番目［　　］

（8）あなたのお兄さんは何歳ですか。

(① your　② how　③ old　④ is) brother?

［1番目］［　　］［3番目］［　　］ brother?

解答らん（8）　1番目［　　］　3番目［　　］

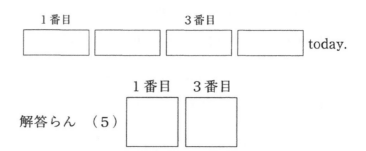

2022年度　中学入試問題　英語　リスニング問題　スクリプト　　静岡英和女学院中学校

※音声は収録しておりません

これから、英語・リスニングの問題を始めます。問題用紙は、その１と、その２です。
リスニング問題は、第１部から第３部まであります。途中でメモを取ってもかまいません。

第１部

イラストを参考にしながら、対話と、そのあとの応答を聞き、最も適切な応答を１，２，３の中から一つ選び、その番号を書きなさい。問題はNo.1からNo.5まで、５題です。解答は、それぞれ下の解答欄に書きなさい。英文は１度だけ放送されます。

No. 1.　Hi, Ken!
Oh, hi, Jane. Where are you going?
To the park. Do you live near here?

1. No, I'm not.
2. Yes, I do.
3. Let's go.

No. 2.　What do you do on Sundays, Bob?
I practice soccer.
Where do you do it?

1. Yes, it's fun.
2. In the park
3. After lunch.

No. 3.　Are you a member of the English club?
Yes, I am.
How many students are in it?

1. About 20.
2. After school.
3. They like it.

No. 4.　Can I use your dictionary?
Yes, but why do you need it?

1. In the library.
2. I can do it.
3. I want to do my homework.

No. 5.　Are you a new student?
Yes, I am. I'm from England.
Welcome. Do you speak Japanese?

1. Yes, but it's not easy.
2. Me, too.
3. It's OK.

第２部

対話と質問を聞き、質問の答えとして最も適切なものを以下の１，２，３，４の中から一つ選び、その番号を書きなさい。問題はNo.1からNo.5まで、５題です。解答は、それぞれ下の解答欄に書きなさい。英文は２度放送されます。

No. 1.　Do you like coffee, Sarah?
Well, I like tea and orange juice.
Do you drink them every day?
I have tea every morning.

Question: What does Sarah drink every day?

No. 2.　Where is the video game, Beth?　It was in my room.
I used it in the dining room, and I think I put it in the living room, Sam.
I can't find it in those rooms.
Oh, sorry. It's in my room.

Question: Where is the video game?

No. 3.　What animals do you like, Susan?
I like cats. How about you, Joe?
I like dogs the best.
My sister loves them, too.

Question: Who likes dogs?

No. 4.　Do you practice the piano every day, Amy?
Yes, every night. Before going to bed.
I see. What time do you go to bed?
I usually start playing the piano at ten. I play it for 30 minutes and then go to bed.

Question: About what time does Amy go to bed?

No. 5.　I have a ticket to the movie, Lisa.
Great. I have a ticket, too.
I'll watch it on Sunday.
I see. I'll go on the next day.

Question: When will Lisa watch the movie?

第３部

英文と質問を聞き、質問の答えとして最も適切なものを以下の１，２，３，４の中から一つ選び、その番号を書きなさい。問題はNo.1からNo.5まで、５題です。解答は、それぞれ下の解答欄に書きなさい。英文は２度放送されます。

No. 1.　Bill wants to be a teacher or a doctor. Judy wants to be a singer or a dancer.
Rick wants to be a vet or a zookeeper. Helen wants to be a chef or a baker.

Question: Who wants to work with food?

No. 2.　Last night, Ellen had a hamburger. Nancy ate beef steak.
Tony had tempura. Kent ate rice balls. John had spaghetti.

Question: Who ate Japanese food last night?

No. 3.　Mike is on the baseball team. Sandra is in the drama club. David is in the computer club.
Kate is in the art club and the swimming team.

Question: Who is on a sports team?

No. 4.　Yesterday, Lucy got up at 6:15. Her brother got up at 6:50. Her sister got up at 6:40.
Her mother got up at 6:25.

Question: Who got up before 6:30?

No. 5.　Mark is from New Zealand. He studied in Australia, and then worked in the U.S.
After that, he went to Canada and China, and then, came back to New Zealand.
Now, he wants to visit Japan and Sweden.

Question: Where was Mark before he was in Canada?

以上で、リスニング問題は終わりです。引き続き、筆記問題を解きなさい。

二〇二三年度・中　A

国語　その1

（50分）

受験番号

氏名

静岡英和女学院中学校

※100点満点
（配点非公表）

問題一　次の――を引いてある漢字の読みかたを、ひらがなで書きなさい。

1　野菜をなべで蒸す。

2　責任を果たすように努める。

3　学校の歴史についての本を著す。

4　話の半ばで時間がきてしまった。

5　道の向こう側で警笛が鳴った。

6　順序よく並ぶ。

問題二　次の□の中に漢字を書きなさい。

1　母のとなりに□《すわ》る。

2　落とし物を□《とど》ける。

3　美しい□《きぬ》織物。

4　この問題は□《かんたん》だ。

5　家族で□《えいが》を見に行く。

6　ツバメは人の役に立つ□《えきちょう》と呼ばれる。

7　本の内容を短く□《ようやく》する。

8　父は旅先で□《はいく》をよむことがある。

問題三　次の文の――のことばと同じ意味を表す熟語を、あとの漢字の中から二文字を組み合わせて書きなさい。

1　一人で勝手に決めるのはまちがっている。

2　わたしのすぐれたところは人に親切にできるところだ。

3　次の試合では新しく入った選手の活やくをあてにしている。

4　人の悪いところをせめたてるのはやめよう。

5　こどもの体が大きくなるのは早い。

育　欠　待　長　非　独　良　難　発　所　断　期

問題四　次の文を例にならって二つの文に分けたときに、□に入ることばを考えて書き入れなさい。

例　今日は寒いので、上着を着た。→　今日は寒い。だから、上着を着た。

1　夏休みには旅行に行きたいし、美術館にも行きたい。
↓
夏休みには旅行に行きたい。□、美術館にも行きたい。

2　家をいつもより早く出たのに、バスに乗りおくれてしまった。
↓
家をいつもより早く出た。□、バスに乗りおくれてしまった。

3　少しあたたかくなってきたら、サクラの花がさき始めた。
↓
少しあたたかくなってきた。□、サクラの花がさき始めた。

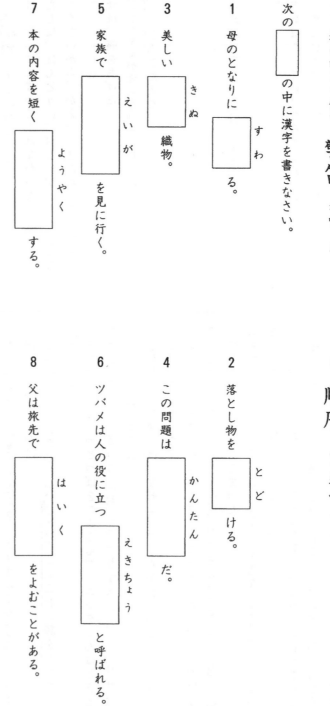

国語　その2

受験番号

氏名

問題五　次の文章を読んで、あとの問いに答えなさい。

「ほう、早退ですか。」と、ニシダくんが言った。

「ニシダくんは？　いまから学校へいくの？」その質問を無視して、ニシダくんが言った。

「四時間目は合同体育だもんね。ゴジョウガワラ、苦手だよね。」

アリサの顔がぱっと赤くなった。

新学期から、火曜日の四時間目は、学年全部でおこなう合同体育という授業になった。クラス対抗《たいこう》で試合をしたり、運動会で発表する組み体操の練習をしたりする。

もともとアリサは体育がきらいだったし、運動会も苦手だったから、合同体育はぜんぜんうれしくなかった。

「なんでわかるの？」

「なんとなく。でも、合同体育なんて、慣れちゃえば、だれもゴジョウガワラのことなんて、見ないと思うよ。」

「見なくても、いやなの。」

「大勢いるから、ぎゃくにめだたないってのもある。」

「いやなものはいやなの！」右手をぐるぐるふりまわしながら、アリサは言った。

「わかったよ。ゴジョウガワラは、合同体育がいやなわけね。」

①アリサは、うつむいた。ニシダくんが、アリサの顔をのぞきこんだ。

「どうしたの？　泣いてんの？」

「泣いてない。」アリサは、くつのさきっぽを見ながら、小さい声で言った。「②仮病《けびょう》じゃないからね。」

ニシダくんは、なんにも言ってくれなかった。

「あのさ。あたしは、ほんとうに、おなかがいたかったの。合同体育がやりたくないから、かえってきたわけじゃないの。」

「いたいの？」

「え？」アリサは、顔をあげた。

「おなか。」ニシダくんが言った。「いたいの？」

アリサは、③しぶしぶこたえた。

「なおった。」

「ふうん。」

「げた箱で。」

「ああ、げた箱ね。」ニシダくんは、大きくうなずいた。「④わかるよ。」

「わかるの？」

「わかるよ。病気はたいていげた箱でなおっちゃうんだ。なおらないときは、家にかえったってなおらないけどね。なおるときは、だいたいげた箱でなおる。」

「そうなんだ。」

「ずっとまえに気づいた。」

そうして、ニシダくんは「げた箱は魔法《まほう》のクスリだからさ」と教えてくれた。信じられない気がしたけど、たしかにおなかはもういたくなかった。

ニシダくんの言うとおりかもしれないとアリサは思った。だが待てよ、※コバ先生のにせもののクスリだって、おなかはなおった。

「ニシダくん。それはさ、本物のクスリってことなの？」と、アリサはたずねた。「げた箱は本物のクスリなの？」

「おなかがなおったんなら、本物でしょう。」と、ニシダくんはこたえた。

「なおれば本物なの？」

「□だからね。よくわからないね。」

「ああ、そうか。□だもんね。」

ニシダくんのおなかが、ぎゅるるるるると、ものすごく大きな音で鳴った。

「ニシダくん、おなかがへってるの？」ニシダくんがもじもじしながら、こたえた。

「ちょっとね。」

「すごくへってるみたいじゃん。」

「朝ごはん、まだだから。」

「もうお昼じゃん。朝ごはん、なんでたべなかったの。」

「さっき起きたばかりだから。」

「お母さんが起こしてくれなかったの？」

「仕事だからね。てつ夜で仕事して、そのままでかけたみたい。」

「ふうん。でも、学校へいけば、ちょうど給食がたべられるよ。」

アリサは、そのとき、ようやく、ニシダくんがなにももっていないのに気づいた。「学校へいくところじゃなかったの？」

「コンビニにおにぎりを買いにいくところ。きょうはたまたま、家になんにもなくて。」

アリサは、けさ、自分がたべた、めだまやきや、おみそ汁《しる》や、ソーセージや、サラダを思いうかべた。ニシダくんが、かわいそうな気がした。

「学校へいって、給食たべたら？　きょうのこんだて、ハンバーグだったよ、たしか。」

とつぜん、ニシダくんが、⑤ものすごくこわい顔をしてアリサをにらんだ。

アリサは、ごくっとつばをのみこんだ。ニシダくんはときどきこんなふうにきゅうにおこったりするから、アリサは〔　A　〕してしまう。

しかし、アリサには、なぜニシダくんがおこったのか、ぜんぜんわからなかった。

「ニシダくんって、ハンバーグ、きらいだったっけ……？」小声で言ってみた。ニシダくんは、なにもこたえず、〔　B　〕していた。アリサは、こまった。

「あのー」と、アリサは、ニシダくんを見ないようにして、言った。「こわいんだけど。ニシダくん。」

「⑥かわいそうだろ。」ニシダくんが言った。「だから行かない。」

そうして、ぷいっと横をむいてしまった。わけがわからなくて、〔　C　〕していると、ニシダくんはもういちどアリサのほうをむき、大声でどなった。

「お母さんのくせに起こしてくれなかったのかってみんな思うんだよ！　ゴジョウガワラだって、さっきそう思っただろ。だから、行かない。」

ニシダくんは、まくしたてるように理由をのべると、くるっと向きをかえて、走っていってしまった。ぐんぐんぐんぐん、走っていって、ニシダくんはすぐに見えなくなった。

※コバ先生のにせもののクスリ…コバ先生は小児《しょうに》科の院長先生。アリサがおなかが痛くて受しんしたときにクスリをくれたが、ただのビタミンざいだった。

（大島真寿美『げた箱は魔法のクスリ』より）

二〇二三年度・中 A

国語

その3

受験番号

氏名

問1 ――①「アリサは、うつむいた」とありますが、それはなぜですか。理由をわかりやすく書きなさい。

問2 ――②「仮病」の意味を書きなさい。

問3 ――③「しぶしぶ」の使い方として正しいものを、次のア～エの中から一つ選んで、記号を〇で囲みなさい。

ア しぶしぶ考えれば、すぐに答えがわかるはずだ。

イ 母に言われてしぶしぶ勉強しても、頭に入ってこない。

ウ まだ固いミカンを食べたら、しぶしぶとした味がした。

エ ここから遠くの町の景色がしぶしぶ見える。

問4 ――④「わかるよ」とありますが、ニシダくんがわかったことが書かれている一文を、文中から二十字でぬき出しなさい。（句読点も一字と数える。）

問5 □に共通してあてはまることばを文中から二字でぬき出しなさい。

問6 ――⑤「ものすごくこわい顔をしてアリサをにらんだ」とありますが、このときのニシダくんの気持ちをわかりやすく書きなさい。

問7 〔 A 〕～〔 C 〕にあてはまることばを次のア～エの中から選んで、それぞれ記号で答えなさい。

ア ぼんやり

イ むすっと

ウ わくわく

エ どぎまぎ

A

B

C

問8 ――⑥「かわいそうだろ」とありますが、ニシダくんはだれが「かわいそうだ」と言っているのですか。次のア～エの中から一つ選んで、記号を〇で囲みなさい。

ア 自分のように学校へ行かないアリサのことをかわいそうだと言っている。

イ お母さんに起こしてもらえないとかんちがいするみんなをかわいそうだと言っている。

ウ お母さんに起こしてもらえなかった自分をかわいそうだと言っている。

エ 起こしてくれないとみんなに思われてしまうおかあさんをかわいそうだと言っている。

国語　その4

受験番号

氏名

問題六　次の文章を読んで、あとの問いに答えなさい。

いま、わたしたちの社会では、あまり森林にたよろうとはしませんね。都市の足もとは、コンクリートだらけです。おかげで虫にも、ほこりにも、どろんこ道にもなやまされることはありません。わたしたちのくらしはべんりになり、そしてゆたかになりました。

［Ⅰ］、①そのかわりに、すこし雨がつづいても、町は水につかるようになりました。川もきけんになりました。すこし日照りがつづいても、水ぶそくで大さわぎをするようになりました。川の水も、よごれるようになりました。

その原因は、一つです。ふった雨も、つかった水も、土にかえさなくなったからです。ごみをしまつするのにも、土にたよらなくなったからです。

むかし、日本人が、土からもらったものはみな、土にかえしているときには、川は、よごれるどころか、いまよりもずっときれいでした。水ものめました。さかなもぴちぴちはねていました。

考えてみれば、それはふしぎなことでした。でも、［A］がみな、［B］してくれていたのです。

土の中には植物の根があります。その根についた虫がいます。オケラもいます。ミミズもヤスデも、ダンゴムシもいます。コケや、カビのような、小さな小さな生物もいます。そんな小さな生きものたちが、スプーン一ぱいほどの土に、何億も何十億も、あつまっています。土は、そんな小さな生きものあつまりです。

その生物たちが力をあわせて、ごみをかみくだき、食べてしまうのです。食べては、どんどん、なかまをふやしていくのです。

そんなふうにして、生物たちが、かっぱつにうごきまわっている土が、ゆっくりと、ゆっくりと、また川へ、はきだされるのでした。

［Ⅱ］さいごは、炭酸ガスと水に分解してくれます。その水は、こえた土でした。こえた土は、生物たちがよってたかって、またつぎの緑をそだてることになりました。土には、そんなはたらきがあったのです。

考えてみれば、谷川の水がきれいなのも、ふしぎです。だって、森林は落ち葉だらけです。森林には動物のふんもあります。大きな動物や小さな動物の死体もあります。ヘビのぬけがらもあります。木のえだもあります。考えてみれば、森の中はごみだらけです。

それなのに、森林からでてくる水は、きれいです。ふしぎです。

それこそは、森林の土が、なによりもこえた土だからでした。土の生物たちがたすけあって、木の葉や死体をかみくだき、食べてはまた土をつくりながら、つぎの緑をそだてることになりました。

そんな②土のすばらしさを、わたしたちの社会はわすれかけていたのです。

もう一つ、しんぱいなことがあります。山村が、すっかりさびれてしまったことです。

日本の山々は、戦争ではげ山になりました。そのため日本人は、水害や飢《う》えにくるしみました。そのはげ山に木を植えて、山をつくりなおしてきたのが山村の人たちでした。その③くろうがようやくみのり、山々に緑がしげるようになったいま、山の人たちが、山をつぎつぎにおりてしまったのです。

なぜでしょうか。下流の都市のくらしのほうが、はるかにゆたかになったからです。

日本人は、石油をつかうようになり、山村の人たちは、炭やきではくらしていけなくなりました。木材も、外国から輸入されるようになり、日本の木材があまり売れなくなりました。

④まだあります。下流の都市のためにダムがつくられるようになり、そのダムの底に、村がしずむことになりました。こうして村ぐるみ、ふるさとを追われていった人たちもありました。

山に人口が少なくなると、学校もへりました。二十校あった小学校が、二校になったというところもあります。バスもへらされていきました。鉄道も赤字だということで、廃止《はいし》されていきました。そんなふうにして気がついたとき、下流の都市だけが栄えるようになっていたのです。

山村が、さびれてしまえば、どんなことになるでしょうか。山火事を発見する人も、けしとめる人も、なくなってしまいます。山くずれを発見する人も、なおす人も、なくなってしまいます。木をきる人も、そだてる人も、なくなってしまいます。

そして、もしもほうっておけば、土ははがれ、山はくずれてダムをうめ、そのうち日本列島は、石の山になってしまいます。そうなれば、人間は生きていくことができません。⑤土をまもっている人たちを、どうしたら、まもることができるでしょうか。

いま、山村にすむ人たちは、シイタケやナメコをつくったり、ワサビやお茶をつくったり、民宿をしたり、ワラビやゼンマイをとったりして、くらしをささえながら、山々をそだてています。国土の七割をしめる広い山々を、ほんのわずかの人たちで、せいいっぱいまもっています。

四国や九州の山村では、人々はアブやハチにおそわれないよう、頭からすっぽりとふくろをかぶり、かとりせんこうを五つも六つもこしにさげて、毎日、山へはいっていきます。東北や北海道では、営林署のおじさんたちが、クマにおそわれないよう、こしにすずをぶらさげて、ひとりで山おくを見まわっています。

⑥そんな人たちに、下流にすむ人たちは、感謝しなければなりません。そして、山村の人たちが、これからもはりきって山でくらしていけるよう、ささえていかなければなりません。

（富山和子『森は生きている』より）

国語 その5

受験番号

氏名

問1 Ⅰ ・ Ⅱ にあてはまることばを次のア〜エの中から選んで、それぞれ記号で答えなさい。

ア あるいは　イ そして　ウ つまり　エ でも

Ⅰ

Ⅱ

問2 ――①「その」とありますが、「その」が指していることを、文中から三十字以内でぬき出しなさい。（句読点も一字と数える。）

問3 A ・ B にあてはまることばを文中からAは一字、Bは六字でぬき出しなさい。

A

B

問4 ――②「土のすばらしさ」とありますが、土のすばらしいところは、どのようなところですか。文中のことばを使ってわかりやすく書きなさい。

問5 ――③「くろうがようやくみのり」とありますが、「苦労が実る」ということばの意味を次のア〜エの中から一つ選んで、記号を〇で囲みなさい。

ア 苦労がむくわれるようにと願うこと。　イ 苦しみからやっと解放されること。

ウ 努力のあと、良い結果が出ること。　エ 努力して実力をつけていくこと。

問6 ――④「まだあります」とありますが、このあとに書かれていることは、どんなことについての理由として「まだある」と言っているのですか。「理由」ということばにつながるように、文中から二十一字でぬき出しなさい。（句読点も一字と数える。）

理由。

問7 ――⑤「土をまもっている人たちを、どうしたら、まもることができるでしょうか」とありますが、土をまもっている人たちを守っていくために、「わたしたち」は何をすべきだと筆者は言っていますか。文中のことばを使って書きなさい。

問8 ――⑥「そんな人たち」とありますが、どのような人たちのことを言っているのですか。次のア〜オの中からあてはまらないものをすべて選んで、記号を〇で囲みなさい。

ア 炭やきではくらしていけなくなり、都市で働いている人。

イ 山火事をけしとめ、山くずれをなおす人。

ウ ワサビやお茶を作ったり、民宿を経営したりしている人。

エ 下流の都市のために、ダムの建設に関わった人。

オ クマやアブに用心して、ひとりで山おくを見まわっている人。

問9 この文章の内容に合っている題名としてふさわしいものを次のア〜エの中から一つ選んで、記号を〇で囲みなさい。

ア 生命の歴史を知る　イ 土こそが人間を守る

ウ 山村のくらしと都市のくらし　エ 自然界のふしぎ

(25分)

算　数　その１

2023年度・中

受験番号		氏名	

算数Ａ（その１，その２）　※50点満点（配点非公表）

（この線の上は使わないでください。解答欄《らん》には式や考え方を書きなさい。）

１．次の□にあてはまる数を書き入れなさい。

(1)　$1724-350-134=$ □

(2)　$231.82\div34.6=$ □

(3)　$\frac{2}{9}\div\frac{8}{13}\times\frac{27}{26}=$ □

(4)　$\frac{5}{6}+\frac{3}{8}-\frac{1}{16}=$ □

(5)　$8.91\times2.4+8.91\times7.6=$ □

(6)　$1\frac{2}{5}\div\left(\frac{3}{5}-\frac{1}{4}\right)\times0.25=$ □

(7)　$(7\times18-135\div$ □ $)\div37=3$

受験番号		氏名	

（この線の上は使わないでください。解答欄《らん》には式や考え方を書きなさい。）

２． 次の(1)～(2)の問いに答えなさい。

(1)　コンパスを使って，下の四角形ABCDを，頂点Bを中心にして２倍に拡大した四角形を書きなさい。ただし，どのように作図したかがわかるように，定規で引いた線やコンパスのあとを残しておくこと。

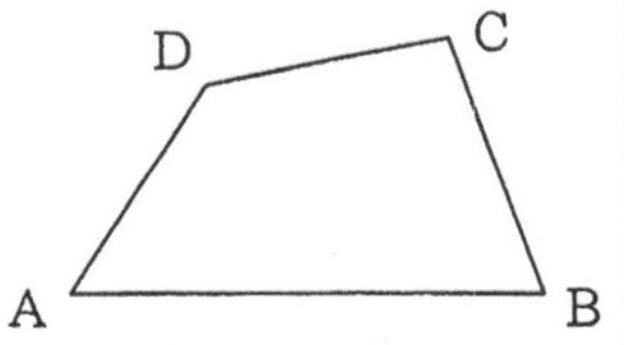

(2)　次のあ～うの図形の面積を求めなさい。

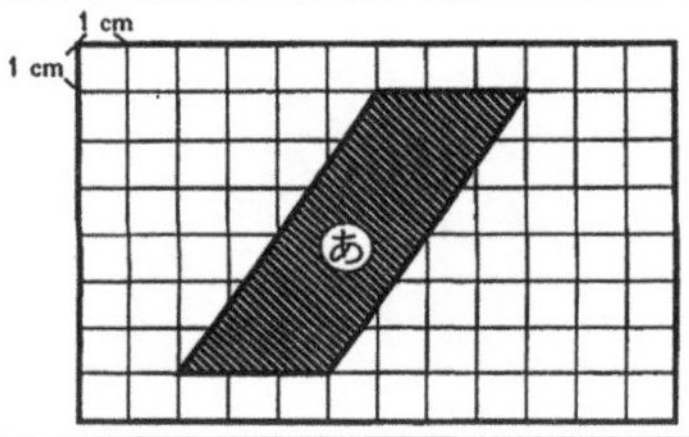

cm²

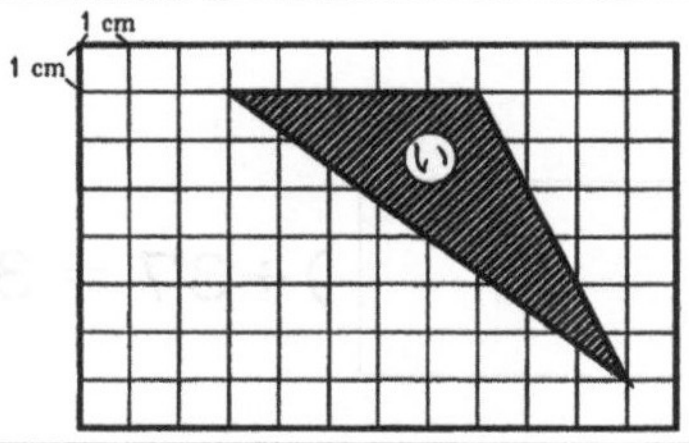

cm²

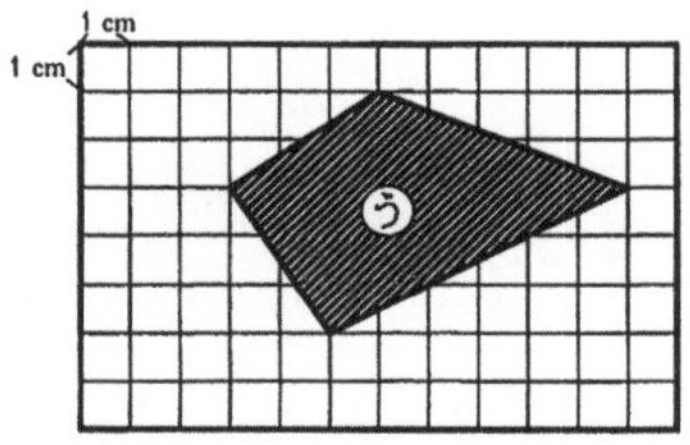

cm²

３． 赤と青２種類のランプが次のように，それぞれ一定のリズムでついたり消えたりを繰り返しています。スイッチを入れると赤，青同時にあかりが付き，赤は４秒間ついて２秒間消え，青は３秒間ついて１秒間消えます。このとき，次の(1)，(2)の問いに答えなさい。

(1)　スイッチを入れてから２度目に赤，青のランプが同時につくのは何秒後ですか。

秒後

(2)　スイッチを入れてから３分間に赤と青のランプが同時に２秒以上ついているのは何回ありますか。

回

(25分)

算　数　その３

2023年度・中

受験番号		氏名	

算数Ｂ（その３，その４）　※50点満点（配点非公表）

（この線の上は使わないでください。解答欄《らん》には式や考え方を書きなさい。）

４．次の□にあてはまる数を書き入れなさい。

(1)　$500-3\times(24-21\div3+4)-17$

＝□

(2)　$4.5\div1\frac{1}{5}-\left\{12\times\left(\frac{1}{3}-0.3\right)-0.15\right\}$

＝□

(3)　34.5 時間 ＋940 分

＝□日□時間□分

５．次の問いに答えなさい。

(1)　さいころの向かい合った面の目の数の和はどこでも７になっています。下の図はさいころの展開図で，目の数が数字で書いてあります。図のあいているところに当てはまる数を書きなさい。

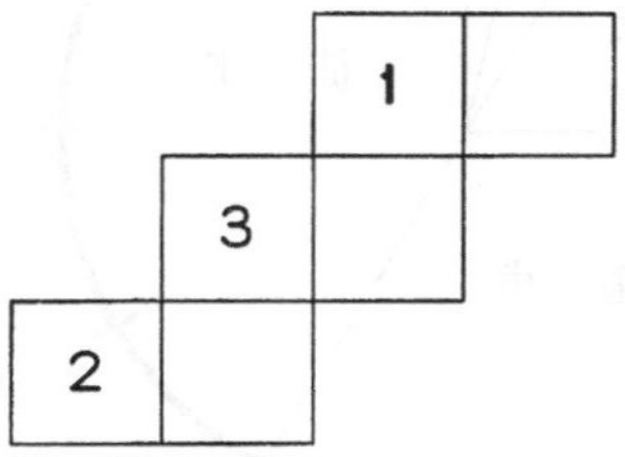

(2)　かえでさんの学校では，校内に生徒が作ったはたをかざることにしました。次の問いに答えなさい。

①　ろうかのはしからはしまで３ｍ間かくで一直線にはたをならべると11本のはたが必要でした。このろうかの長さは何ｍですか。

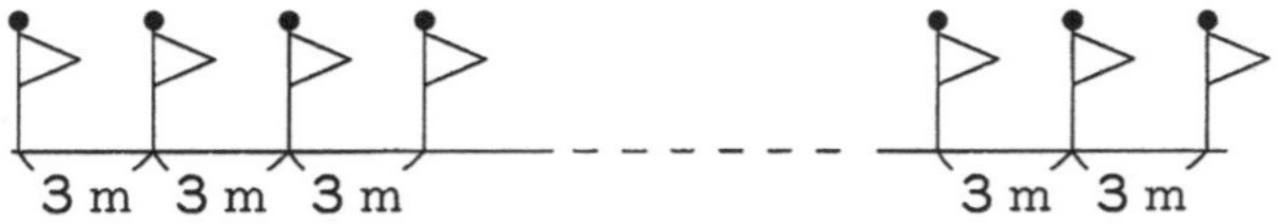

□ｍ

②　中庭にある池のまわりに，３ｍ間かくではたをならべるとちょうど11本のはたが必要でした。
この池の周りの長さは何ｍですか。

□ｍ

受験番号		氏 名	

（この線の上は使わないでください。解答欄《らん》には式や考え方を書きなさい。）

6．下の円グラフは，かえでさんの学校の生徒 600 人について通学方法を調べて表したものです。グラフの中の目もりは等間隔です。次の問いに答えなさい。

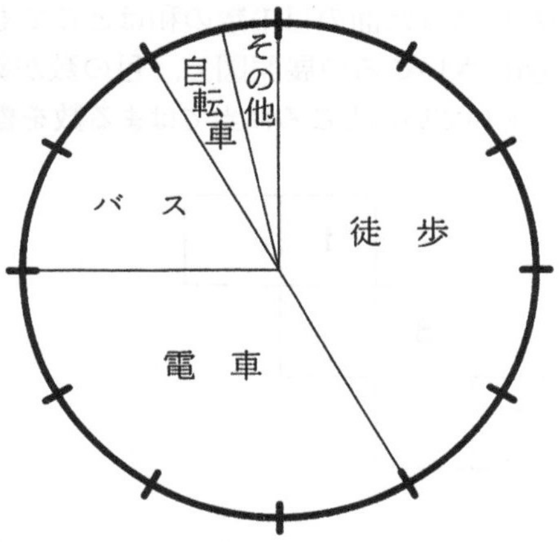

(1)　徒歩で通学している生徒は全体の何％にあたりますか。四捨五入によって小数第一位まで求めなさい。また，徒歩で通学している生徒は何人ですか。

＿＿％，＿＿人

(2)　自転車で通学している生徒を表す部分の中心角をはかると 18° でした。自転車で通学している生徒は全体の何％ですか。また，自転車で通学している生徒は何人ですか。

＿＿％，＿＿人

7．英子さんと和子さんは 1 周 600 m のランニングコースのスタート地点を同じ向きに向かって同時に出発し，一定の速さで走りました。英子さんは 3 周するのに 9 分かかり，和子さんは 5 周するのに 12 分かかりました。このとき，次の問いに答えなさい。

(1)　英子さんが走る速さを求めなさい。

分速＿＿m

(2)　和子さんが 2 周するのにかかる時間は何分何秒ですか。

＿＿分＿＿秒

(3)　出発してから 3 分後，英子さんと和子さんのどちらが何m先を走っているか答えなさい。

＿＿さんが＿＿m先を走っている

(25分)

英　語　その１

2023年度・中Ａ

受験番号		氏名	

※50点満点
（配点非公表）

【リスニング問題】 リスニング問題は、第１部から第３部まであります。

※音声は収録しておりません

第１部　イラストを参考にしながら、対話と、そのあとの応答を聞き、最も適切な応答を1, 2, 3の中から一つ選び、その番号を書きなさい。問題はNo. 1からNo. 4まで、４題です。解答は、それぞれ下の解答らんに書きなさい。英文は１度だけ放送されます。

No. 1

No. 2

No. 3

No. 4

解答らん　No. 1		No. 2		No. 3		No. 4	

第２部　対話と、そのあとの質問を聞き、その答えとして最も適切なものを以下の1, 2, 3, 4の中から一つ選び、その番号を書きなさい。問題はNo. 1からNo. 5まで、５題です。解答は、それぞれ下の解答らんに書きなさい。英文は２度放送されます。

No. 1
1. He has four pets.
2. He has five pets.
3. He has six pets.
4. He has seven pets.

No. 2
1. It's twenty dollars.
2. It's thirty-five dollars.
3. It's thirty dollars.
4. It's thirty-two dollars.

No. 3
1. He had sushi.
2. He had a hamburger.
3. He had pizza.
4. He had spaghetti.

No. 4
1. She'll get milk and cucumbers.
2. She'll get eggs and milk.
3. She'll get tomatoes and cucumbers.
4. She'll get eggs and tomatoes.

No. 5
1. Mr. White and Mr. Brown do.
2. Ms. Smith and Ms. Clark do.
3. Ms. Smith and Mr. Green do.
4. Mr. Brown and Ms. Clark do.

解答らん　No. 1		No. 2		No. 3		No. 4		No. 5	

受験番号		氏名	

第３部　英文と、そのあとの質問を聞き、その答えとして最も適切なものを以下の 1, 2, 3, 4 の中から一つ選び、その番号を書きなさい。問題は No. 1 から No. 4 まで、４題です。解答は、それぞれ下の解答らんに書きなさい。英文は２度放送されます。

No. 1
1. Naomi and Kate do.
2. Shelly and Kate do.
3. Beth and Kate do.
4. Naomi and Beth do.

No. 2
1. Grace and Scarlett do.
2. Mia and Grace do.
3. Ellie and Mia do.
4. Ellie and Scarlett do.

No. 3
1. Kate and Jane do.
2. Fred and Frank do.
3. Jane and Steve do.
4. Melissa and Donald do.

No. 4
1. She played tennis.
2. She went shopping.
3. She did her homework.
4. She watched TV.

解答らん　No. 1 [　]　No. 2 [　]　No. 3 [　]　No. 4 [　]

【筆記問題】

１．次の（１）から（６）までの（　　）に入れるのに最も適切なものを 1, 2, 3, 4 の中から一つ選び、その番号を書きなさい。解答は、下の解答らんに書きなさい。

（１）I want to (　　) a singer.
1. am　2. be　3. play　4. practice

（２）She is listening (　　) the radio.
1. to　2. in　3. for　4. at

（３）How (　　) sisters do you have?
1. often　2. much　3. about　4. many

（４）Look. Your bike is over (　　).
1. than　2. where　3. there　4. that

（５）I usually play video games in my (　　) time.
1. free　2. fine　3. next　4. small

（６）I (　　) my room every day.
1. learn　2. wash　3. stay　4. clean

解答らん　（１）[　]　（２）[　]　（３）[　]　（４）[　]　（５）[　]　（６）[　]

受験番号		氏名	

2．次の（1）から（6）までの対話について、(　　　)に入れるのに最も適切なものを 1, 2, 3, 4 の中から一つ選び、その番号を書きなさい。解答は、下の解答らんに書きなさい。

（1）　*Man*：How was your trip to Hokkaido?
Woman：I (　　　) a good time with my family.

1. played　2. relaxed　3. traveled　4. had

（2）　*Man*：Do you (　　　) me?
Girl：Yes, you are Mr. Brown! You came to our school last year.

1. understand　2. tell　3. remember　4. need

（3）　*Boy*：What are your plans?
Girls：We will (　　　) the museum and the zoo.

1. visit　2. go　3. move　4. look

（4）　*Boy*：What do you have in your arms?
Girl：They are my (　　　) books.

1. quiet　2. delicious　3. favorite　4. near

（5）*Woman*：Why are you late?
Man：(　　　) I was sick.

1. And　2. Because　3. Between　4. About

（6）*Woman*：What do you (　　　) of your new class?
Boy：I enjoy it. I have some good friends.

1. know　2. teach　3. take　4. think

解答らん　（1）□　（2）□　（3）□　（4）□　（5）□　（6）□

受験番号		氏名	

３．次の（１）から（８）までの日本文の内容を表すように、（　　　）内の①から④までを並べかえ、その番号を［　　］の中に入れなさい。そして、１番目と、３番目の［　　］に入るものの番号をそれぞれ書きなさい。
ただし、（　　　）内では、文のはじめに来る語も小文字になっています。解答は、下の解答らんに書きなさい。

（１）窓を開けてもらえますか。

(① you　② the　③ can　④ open) window?

1番目［　　］［　　］3番目［　　］［　　］ window?

解答らん（１）　1番目［　　］　3番目［　　］

（２）写真を何枚か撮りましょう。

(① pictures　② take　③ some　④ let's).

1番目［　　］［　　］3番目［　　］［　　］.

解答らん（２）　1番目［　　］　3番目［　　］

（３）これはあなたへのプレゼントです。

This is (① for　② a　③ you　④ present).

This is 1番目［　　］［　　］3番目［　　］［　　］.

解答らん（３）　1番目［　　］　3番目［　　］

（４）あなたはどの花が好きですか。

(① flower　② you　③ do　④ which) like?

1番目［　　］［　　］3番目［　　］［　　］ like?

解答らん（４）　1番目［　　］　3番目［　　］

（５）ここには本がたくさんあります。

(① are　② there　③ of　④ lots) books here.

1番目［　　］［　　］3番目［　　］［　　］ books here.

解答らん（５）　1番目［　　］　3番目［　　］

（６）彼女は何時に昼食を食べますか。

(① what　② she　③ does　④ time) have lunch?

1番目［　　］［　　］3番目［　　］［　　］ have lunch?

解答らん（６）　1番目［　　］　3番目［　　］

（７）あなたの学校について教えてください。

(① about　② please　③ me　④ tell) your school.

1番目［　　］［　　］3番目［　　］［　　］ your school.

解答らん（７）　1番目［　　］　3番目［　　］

（８）あなたは授業の準備ができていますか。

(① are　② ready　③ you　④ for) the class?

1番目［　　］［　　］3番目［　　］［　　］ the class?

解答らん（８）　1番目［　　］　3番目［　　］

※音声は収録しておりません

これから、英語・リスニングの問題を始めます。問題用紙は、その１と、その２の途中までです。
リスニング問題は、第１部から第３部まであります。途中でメモを取ってもかまいません。

第１部

イラストを参考にしながら、対話と、そのあとの応答を聞き、最も適切な応答を１，２，３の中から一つ選び、その番号を書きなさい。問題は No.1 から No.4 まで、４題です。解答は、それぞれ下の解答欄に書きなさい。<u>英文は１度だけ</u>放送されます。

No. 1.　Your dog is cute, Ken.
Thanks. His name is Max.
How old is he?

1. He's big.
2. He's two.
3. He's new.

No. 2.　Wow, your English is very good!
Thank you, Emily.
Who teaches you English?

1. My mother does.
2. I like Mr. Smith.
3. After school.

No. 3.　Is this your pen, Bill?
No, it isn't, Sophie.
Whose pen is it?

1. My pen is red.
2. I don't like it.
3. It's my sister's.

No. 4.　Are you studying math, Henry?
Yes, I am. I have a test.
Is your test tomorrow?

1. Yes, I do.
2. Yes, it is.
3. Your test is today.

第２部

対話と、そのあとの質問を聞き、その答えとして最も適切なものを以下の１，２，３，４の中から一つ選び、その番号を書きなさい。問題は No.1 から No.5 まで、５題です。解答は、それぞれ下の解答欄に書きなさい。<u>英文は２度放送</u>されます。

No. 1.　I have two dogs and three cats.
Wow, you love animals, Tom.
Yes, I do. And I have a small bird too. Do you have any pets?
I have a gold fish.

Question: How many pets does Tom have?

No. 2.　Excuse me. How much is this red shirt?
It's twenty dollars. This yellow one is twenty-five.
I see. How about that blue one?
It's thirty dollars, and that green one is thirty-two.

Question: How much is the blue shirt?

No. 3.　I'm hungry. Let's have spaghetti, Susan.
Well, I had pizza and spaghetti last night. How about a hamburger, Bob?
I just had one for lunch.
I see. Then, let's go to a Japanese restaurant. We can have sushi.
Sounds good.

Question: What did Bob have for lunch?

No. 4.　Where are you going, Lisa?
To the supermarket. I need eggs, milk and tomatoes.
Oh, my grandmother gave me many tomatoes and cucumbers. I can't eat them all. I'll give you some.
Thank you, David. You are kind.

Question: What will Lisa get at the supermarket?

No. 5.　Is that your teacher, Beth? He is very tall.
Yes. He is Mr. White, my math teacher. He is talking to Mr. Brown, a science teacher.
I see. Who is that lady?
Oh, she is Ms. Smith, a music teacher.　She is walking with Ms. Clark and Mr. Green. She teaches science, and he is an English teacher.

Question: Who teaches science?

第３部

英文と、そのあとの質問を聞き、その答えとして最も適切なものを以下の１，２，３，４の中から一つ選び、その番号を書きなさい。問題は No.1 から No.４まで、４題です。解答は、それぞれ下の解答欄に書きなさい。英文は２度放送されます。

No. 1. Shelly loves cooking and reading. Naomi likes swimming and dancing. Beth likes movies and video games very much. Kate really likes playing the piano and basketball.

Question: Who likes sports?

No. 2. Ellie takes piano lessons on Mondays and Thursdays. Mia has violin lessons on Wednesdays and Saturdays. Grace takes guitar lessons on Tuesdays and Fridays. Scarlett has singing lessons on Thursdays and Sundays.

Question: Who has music lessons on Thursdays?

No. 3. Fred and Kate walk to school. Jane goes to school by bus. Melissa's mother drives her to school. Steve takes a bus and a train to school. Donald and Frank go to school by train.

Question: Who rides a bus to school?

No. 4. Last Sunday, Chelsea read a book before breakfast. Before lunch, she played tennis. She went shopping with her mother after lunch. She did her homework and watched TV before going to bed.

Question: What did Chelsea do in the afternoon?

以上で、リスニング問題は終わりです。引き続き、筆記問題を解きなさい。

（50分）

二〇二四年度・中　A

国語　その1

受験番号

氏名

静岡英和女学院中学校

※100点満点
（配点非公表）

問題一　次の――を引いてある漢字の読みかたを、ひらがなで書きなさい。

1　あせが額ににじむ。

2　お寺でお経《きょう》を唱える。

3　国の存立にかかわる問題だ。

4　常に清潔な服そうを心がけよう。

5　アメリカまでの往路は船に乗った。

6　美しいイルミネーションが点灯した。

問題二　次の□の中に漢字を書きなさい。

1　多くの兵隊を□《ひき》いる。

2　森の中に□《いずみ》がわいている。

3　本物の宝石かどうか□《うたが》わしい。

4　メモ用紙の□《うらがわ》に名前を書く。

5　国道で大きな□《じこ》があった。

6　建物の中にはじょうぶな□《てっきん》が入っている。

7　音楽コンクールで□《しき》をする。

8　高い場所での作業は□《きけん》がともなう。

問題三　次のことばの類義語（同じ意味のことば）、または対義語（反対の意味のことば）を、□の中に漢字を入れて作りなさい。

【類義語】

1　無事＝□全

2　完了＝□了

3　進歩＝発□

【対義語】

1　自然⇔□工

2　部分⇔□体

3　平等⇔差□

問題四　次の――を引いてある指示語が指しているもの、または内容を書きなさい。

1　私の家には屋上がある。そこから富士山がよく見える。

2　私たちの町の小学校の近くには公園がある。私たちはよくここで遊んだ。

3　家族旅行の写真がテーブルの上にのっていた。弟はそれを大事そうにポケットにしまった。

4　熱帯の地方では、強風をともなって強いにわか雨が降ることが一週間のうちに何度もある。これをスコールと呼ぶ。

5　かなり遠くに、大きなドーム型の屋根の建物が見えてきた。あれが今日の目的地だ。

国語

その2

受験番号

氏名

問題五　次の文章を読んで、あとの問いに答えなさい。（問題の都合により本文を一部省略しています。）

雄太《ゆうた》が美音《みおん》と初めて話したのは、今年の、梅雨《つゆ》の頃《ころ》のことでした。

通学路にある住宅地のごみ捨て場のそばで、雨が降る中、捨てられていた小さな子猫《ねこ》。その子猫を抱《だ》いて、かわいそうかわいそうと泣いていたのが、美音でした。

「ごめんね」と、①美音はぬれた子猫にあやまっていました。抱きしめて、泣いていました。

「……うちはママが、とってもとってもひどい猫アレルギーなの。猫の毛があると、息が苦しくなるの。おうちには連れて帰れない。せめて雨がやむまで、抱いててあげるから。そうしたら、少しはあったかいよね。……ごめんね。ごめんなさい」

雄太が声をかけたのは、子猫が気になったというのもあるのですが、美音がせきとくしゃみを交互《こうご》にしていて、呼吸が苦しそうだったからでした。

「②……おい、ちょっと待て」

びっくりしたような顔をしている美音の手から、白い子猫を抱き取って、

「ひょっとして、ママだけじゃなく、おまえも、猫アレルギーなんじゃないのか？」

「……」

「しょうがねえなあ、もう。おれにまかせろ」

そうして、その子猫は、雄太の家の十ぴき目の猫になったのでした。

雄太と美音は、その日まで、口をきいたことがありませんでした。

③ふたりとも無口なほうだったし、教室で、席がはなれていたからです。

本当のことを言うと、雄太は、美音のことを、ひそかに、かわいいな、と思っていました。だけど、女の子に対して、そんなことを思う自分が、※軟派《なんぱ》な感じがして許せなくて、見えないふり、なんとも思っていないふりをしていたのです。

でもその日から、ふたりは少しずつ、話すようになりました。なによりも美音が、子猫の話を聞きたくて、雄太に話しかけてくるようになったからでした。

そんなとき、雄太は人がいない場所に美音を呼んで、続きをこっそり話したりしたのですが、そんなふうに、学校で、ふたりだけの秘密みたいにして、子猫の話をするのは、いつかとっておきの大事な時間になってゆきました。

美音も楽しそうだったし、雄太も、猫好きがばれてしまっている美音の前だったら、いくらでも顔をとろけさせて、子猫のかわいいしぐさの話ができたのです。

でも、ふたりの仲が良くなるにつれて、雄太の友人たちが、おもしろ半分に冷やかすようになってきました。

そんなある日のことでした。

放課後に、友だちと教室で話していた雄太のところに、急に美音が走ってきました。

きゅっと［Ⅰ］をむすんで、きれいなメモ帳《ちょう》を、雄太に差し出しました。

みんなの目の前で。雄太を、雄太だけを、まっすぐに見上げて。

それは、とびきりかわいい子猫の写真がついた、赤いメモ帳でした。

そのメモ帳は、美音の大切な宝物だと、雄太は知っていました。買ったままもったいなくて使えないでいたくらい、美音のお気に入りだったのです。

（どうして、おれに、こんな大切なものを？）

［Ⅱ］を真っ赤にして立ちつくす美音を見つめて、雄太はなにも言えませんでした。

友だちみんなが、ふたりを冷やかして、わいわいはしゃぎ始めました。雄太がおこってもやめようとしません。美音はただ雄太を見つめて、メモ帳を差し出しています。

※軟派…弱々しいイメージのこと。

席をけるように立ち上がった雄太は、とっさに、

「いらねえよ」

と、そのメモ帳を手ではらいのけてしまいました。

美音の目に、涙《なみだ》がうかびました。あの雨の日に見た涙のような、悲しい涙でした。

美音は床《ゆか》にしゃがみこみ、赤いメモ帳をそっと拾い上げると、教室から出て行きました。静かに、何も言わないで、うつむいて出て行きました。

雄太は、④体がこおりついたように、それを見ていることしかできませんでした。

それきり、雄太は美音と話しづらくなりました。美音も教室で雄太と目が合うたびに、なにか言いたそうにしては、泣きそうな顔になってうつむくばかりで。

雄太は、美音にあやまらなければ、と思っていたのですが……。

やがて一学期が終わり、夏休みになりました。長い夏休みが終わって二学期が始まると、美音の席は、［A］空いていました。

先生が、美音は家の都合で、アメリカに行ったのだ、と、クラスのみんなに言いました。夏休みのあいだに引越《ひっこ》したのだと。

そうして初めて、⑤雄太は気づいたのでした。

「……なぜ、おれはあのとき、教室で、あのメモ帳を受け取らなかったんだろう、と、思ってさあ。あれから何度も、思ってさあ……」

コンビニのレジの前で、雄太は、［B］涙をこぶしでぬぐいました。

「あの子はきっと、猫好きのおれが喜ぶと思って、とっておきの大切なものをくれようとしたのに。あのメモ帳は、あの子の宝物だったのに。きっとあの子は、さみしい悲しい気持ちのままで、日本とお別れしたんだ。おれは最低だ。あんなやさしくて、いい子を傷つけちまったんだ。⑥もう一度、あの日がやり直せるなら……」

何度目かで、雄太はそう思いました。

そのとき、レジのお兄さんが言いました。

「ああ、そのメモ帳だったら、ほら、そのへんの棚《たな》にあるよ」

まさか、と、雄太は思いました。あのメモ帳は、美音のメモ帳は、世界にたった一つ。コンビニなんかにあるわけがありません。

けれどお兄さんは笑って言いました。

「このコンビニは、大事な探しものがある人がくる店だ。それがどんなものだって、お客さんに必要なものは必ず売っている、不思議なコンビニなのさ。まあだまされたと思って、その棚を見てごらんよ」

お兄さんの指がさすほうを、雄太は、［C］ふり返りました。

文ぼう具の棚があります。ノートがあって、レポート用紙があって……。

「あっ」

雄太はそのメモ帳にかけより、拾い上げました。子猫の写真がついたメモ帳です。

とびきりかわいい子猫の写真も、赤くすてきなデザインも、まちがいなく美音のメモ帳と同じでした。

まさかと思いながら、ふるえる手で、中を開くと、最初のページに、かわいい字で、雄太へのメッセージが書いてありました。

『雄太くん。あのとき、子猫とわたしを助けてくれて、ありがとう。クリスマスの頃には、一度日本に帰るから、そしたら遊ぼうね。約束ね。美音』

そんなことがあるはずがない、と、雄太は思いました。

でも、そのメモ帳は、たしかに、そこにあったのです。

（村山早紀『コンビニたそがれ堂』より）

二〇二四年度・中　A

国語　その3

受験番号

氏名

問1　――①「美音はぬれた子猫にあやまっていました」とありますが、なぜ美音はあやまっていたのですか。次のア～エの中から一つ選んで、記号を○で囲みなさい。

ア　生まれた子猫を育てることができず、捨てることになってしまったから。
イ　人間のつごうで、捨てられてしまった子猫のことが気の毒だったから。
ウ　猫アレルギーの家族がいて、子猫を引き取ることはできなかったから。
エ　冷たい雨が降る中、抱きしめてあたためることしかできなかったから。

問2　――②「……おい、ちょっと待て」とありますが、このとき、雄太は美音のどのようなことに気づいたのですか。文中のことばを使ってわかりやすく書きなさい。

問3　――③「ふたりとも無口なほうだった」とありますが、無口なふたりが仲良くなり、楽しそうに話をしているようすがわかる一文を文中からぬき出し、初めと終わりの五字を書きなさい。（句読点も一字と数える。）

～

問4　Ⅰ・Ⅱにあてはまる体の一部分を表すことばを、それぞれ漢字一字で書きなさい。

Ⅰ

Ⅱ

問5　――④「体がこおりついたように」とありますが、このことばには雄太のどのような気持ちが表れていますか。次のア～オの中から二つ選んで、記号を○で囲みなさい。

ア　きょうふ
イ　とまどい
ウ　否《ひ》定
エ　失望
オ　罪悪感

問6　A・B・Cにあてはまることばを、次のア～カの中から選んで、それぞれ記号で答えなさい。

ア　ぽつんと　イ　ふらりと　ウ　からりと　エ　ぐいっと　オ　がらんと　カ　じわっと

A

B

C

問7　――⑤「雄太は気づいたのでした」とありますが、このとき、雄太は何に気づいたのですか。文中のことばを使ってわかりやすく書きなさい。

問8　――⑥「もう一度、あの日がやり直せるなら」とありますが、雄太はやり直せるならどうしたいと思っていると考えられますか。文中のことばを使って二十五字以内で書きなさい。（句読点も一字と数える。）

国語　その4

受験番号

氏名

問題六　次の文章を読んで、あとの問いに答えなさい。

大型肉食獣《じゅう》は大量の食物が必要で、大型の草食獣を殺して食べます。そういう大型草食獣が暮らすには十分な植物がある広い土地が必要です。ネズミのような小さい動物ならせまい土地でも生きていけますが、ライオンはネズミを食べては生きていけません。また、大型草食獣は一日に動き回る範囲《はんい》も広いし、中にはトナカイやヌーのように季節的に長いきょりを移動するものもいます。このため、植物があって、広い面積の土地があっても、小型草食獣はいるが大型草食獣はいないということもよくあります。こうなっても大型肉食獣は生きていけなくなります。逆に言えば、大型肉食獣が生き延びるためには、①こうしたさまざまな条件のすべてがそろっている必要があるということです。

これら大型肉食獣に対して、オオカミはライオンよりは小さく、ふだんはシカなどを食べますが、シカが少なくなるとウサギやネズミでも食べて生き延びます。キツネはオオカミより小さく、夏はこん虫をよく食べます。というのはこん虫はどこにでもいて、鳥やほにゅう類をとるよりは楽だからです。タヌキの場合はあまり動物質は食べないで果実などをよく食べるし、都市やその近郊《きんこう》であれば残飯なども食べます。そのように、体がある程度小さくて、②食べるもののはばが広い動物は人間が自然を開発してもなんとか生きてゆけるのです。

一九世紀後半くらいから人口が増え、森林がばっさいされたり、草原が農地に変えられることが多くなりました。そして二〇世紀になるとますます野生動物が生きていける場所が少なくなり、植物はあるが大型草食獣がいないということがひんぱんに起きるようになりました。まして性能のよい猟銃《りょうじゅう》ができ、自動車を使って狩猟《しゅりょう》をするようになると、草食獣も肉食獣もどんどん数が少なくなり、各地でいなくなりました。ライオンはアジア、アフリカ、そしてヨーロッパまでの広い範囲に、またトラもアジアに広く分布していましたが、こうして今ではごく狭い範囲にしかいなくなってしまいました。

大型肉食獣は「猛獣《もうじゅう》」と呼ばれて強い動物の代表のように考えられがちです。体の大きさ、力、こうげきなどを基準にすれば「強い」大型肉食獣は、③生態学的に見れば実は一番ひ弱な動物なのです。このことはとてもたいせつなのでよく覚えておいてください。

ライオンやトラほどではありませんが、オオカミも比かく的大型の肉食獣で、世界各地で減少し、絶滅《ぜつめつ》した場所も少なくありません。日本のオオカミも一〇〇年ほど前に絶滅しました。ここではヨーロッパとアメリカのオオカミのことを考えます。

ヨーロッパでは長いあいだ小麦を栽培《さいばい》してパンを作り、ヒツジを飼育して肉や毛皮を使う生活が続きました。中世と呼ばれる時代にはヨーロッパにも森林が広がり、オオカミやクマがいて森林はこわい場所だというイメージがありました。そうした生活の中で、ときどきヒツジがオオカミにおそわれて殺されることがありました。ヒツジの死体を見つけた農民はショックを受け、オオカミを残にんな動物だと考えました。そしてにくいオオカミを殺そうとしました。

Ⅰ　オオカミはたいへん頭のよい動物ですから、人がしかけたワナにはなかなかかからないし、そのうらをかいて別の場所に現れてヒツジをおそったりしました。ほかの動物ならうまくつかまえることができてもオオカミはなかなかそうはいきませんでした。

Ⅱ　人々は、オオカミは不思議な力を持っていると考えるようになりました。

その時代はキリスト教が強いえいきょう力を持っており、人々は日々聖書を読んでいましたが、その中に悪魔《あくま》のことが出てきます。悪魔は心は悪いのですが、とても頭がよくすぐれた能力を持っていると信じられていましたから、オオカミは悪魔と結びつけられるようになりました。そのイメージはどんどんふくらんで、実際よりも何倍も大きく④おどろおどろしい動物になっていき、オオカミがいれば、悪いことをしなくても殺すのが当然だと考えられるようになっていました。

新大陸が発見されると、ヨーロッパから北アメリカに移住がおこなわれるようになりました。北アメリカには野生動物があふれるようにいました。バイソンやリョコウバトなどが、いかにたくさんいたかについての記述が残されています。オオカミもいましたが、ヨーロッパから渡ってきた人々はオオカミについて悪魔のようなイメージを持っていましたから、新しく渡った土地でもオオカミを見れば殺しました。開拓《かいたく》は東部から始まり、西へ西へと進んでいきました。

ロッキー山脈と呼ばれる大きな山脈がカナダとアメリカをつらぬいて南北に走っています。その一角にワイオミング州があり、イエローストーン国立公園があります。ここは一八七二年に世界で初めて国立公園になった場所で、今でもすばらしい自然が残されています。⑤考えてみれば不思議なことですが、動植物を保護するためのこの国立公園の中でも、オオカミは殺され続けました。理由は家畜《かちく》をおそうからということもありますが、それよりも「オオカミは悪魔だから」というイメージが先行していて、オオカミという動物がいれば殺すのが当然のように考えられていたためです。そうして一九二三年に⑥最後のオオカミが殺されて、「※撲滅《ぼくめつ》」が成功しました。

そうしてオオカミがいなくなると、オオカミに食べられていたシカが増えました。イエローストーンには三種類のシカがいますが、中でも体が大きく数も多いのがエルクと呼ばれるシカです。エルクはオオカミがいなくなってから急激に増えました。その結果、植物にえいきょうが出るようになりました。

その程度はどんどん強くなり、⑦森林のあとつぎになる若い木がほとんどなくなるようになりました。こうなると森林が維持《いじ》できなくなります。また、低木類や草本類も強いえいきょうを受けて植物の量が少なくなりました。そのために土砂崩《どしゃくず》れが起きたり、土地に保水力がなくなって洪水《こうずい》がひんぱんに起きるようになりました。

さらに、低木類がなくなったために、ある種の鳥が巣を作れなくなりました。また、川が変化したためにビーバーが暮らせなくなりました。このように、オオカミがいなくなり、エルクが増えたことが、イエローストーンの生態系全体のさまざまな面に大きなえいきょうをあたえることがはっきりしてきました。

※撲滅…すっかりなくしてしまうこと。

（高槻成紀『動物を守りたい君へ』岩波ジュニア新書より）

二〇二四年度・中　A

国語

その5

受験番号

氏名

問1　――①「こうしたさまざまな条件」とありますが、大型肉食獣が生き延びるための「さまざまな条件」とはどんなことですか。次のア～オの中からあてはまるものをすべて選んで、記号を○で囲みなさい。

ア　せまくても植物がある土地　　イ　大型草食獣がいる土地　　ウ　小型草食獣がいる土地

エ　広い面積の土地　　オ　十分な植物がある土地

問2　――②「食べるもののはばが広い動物」として取りあげられている動物を文中から二つぬき出しなさい。

問3　――③「生態学的に見れば実は一番ひ弱な動物」とありますが、なぜ大型肉食獣は「ひ弱な動物」なのですか。その理由を「大型肉食獣は」という書き出しに続けて三十字以内で説明しなさい。（句読点も一字と数える。）

大型肉食獣は

問4　Ⅰ・Ⅱにあてはまることばを、次のア～オの中から選んで、それぞれ記号で答えなさい。

ア　つまり　　イ　ところが　　ウ　ところで　　エ　さて　　オ　だから

Ⅰ　　Ⅱ

問5　――④「おどろおどろしい」ということばのこの文中での意味を、次のア～エの中から一つ選んで、記号を○で囲みなさい。

ア　きょう暴《ぼう》で頭のよい　　イ　野性的できたならしい

ウ　ずるがしこくて堂々とした　　エ　不気味でおそろしい

問6　――⑤「考えてみれば不思議なことですが」とありますが、「不思議なこと」とは何ですか。文中のことばを使って四十字以内で説明しなさい。（句読点も一字と数える。）

問7　――⑥「最後のオオカミが殺されて、『撲滅』が成功しました」とありますが、オオカミを絶滅させてしまった人間が反省すべき点として、あてはまらないものを次のア～エの中から一つ選んで、記号を○で囲みなさい。

ア　ヨーロッパからアメリカに移住したあとも、オオカミを殺し続けたこと。

イ　家畜をおそうオオカミだけにしぼって、一頭残らず殺したこと。

ウ　オオカミを悪魔のイメージに重ねて、すべてのオオカミをねらったこと。

エ　オオカミを撲滅した後にどんなことが起きるかを想像しなかったこと。

問8　――⑦「森林のあとつぎになる若い木がほとんどなくなるようになりました」とありますが、なぜこのようになってしまったのですか。その理由をわかりやすく説明しなさい。

受験番号		氏名	

算数Ａ（その１，その２）　**※50点満点（配点非公表）**

（この線の上は使わないでください。）

１．次の $\square$ にあてはまる数を書き入れなさい。

(1)　$34567-890+110=\square$

(2)　$170200\div460=\square$

(3)　$103-3\times3.14=\square$

(4)　$7.68\div2.4=\square$

(5)　$\frac{3}{4}\times\frac{3}{4}+\frac{3}{5}\div1\frac{1}{5}-\frac{5}{8}=\square$

(6)　$12.5\times4.3+37.5\times4.3=\square$

(7)　$\left(\frac{1}{2}\div0.25-1\frac{7}{9}\right)\div\frac{2}{3}=\square$

(8)　$2.4-\frac{2}{5}\times(\square-2)=0.8$

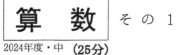

算　数　その２

2024年度・中

受験番号		氏　名	

（この線の上は使わないでください。解答欄《らん》には式や考え方を書きなさい。）

２． 次の(1)，(2)の問いに答えなさい。（求める途中をかき残しておくこと。）

(1)　あるクラスの人数は36人で，男子と女子の人数の割合は4：5です。このクラスの男子の人数と女子の人数を求めなさい。

答え　男子　　　人，女子　　　人

(2)　右の図のように，白色と黒色の石を正方形になるように，順にならべていきます。

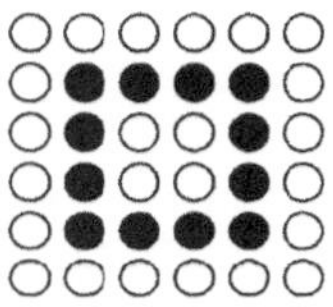

①　白と黒の石を合わせて100個ならべ終えたとき，１番外側の石は白色ですか，黒色ですか。

答え　　　色

②　白色と黒色の石がそれぞれ150個ずつあります。１番外側がちょうど正方形になるまでできるだけたくさんの石を並べていきます。ならべ終わったとき，いくつかの石が余りました。このとき，正方形の一番外側の石は白色ですか，黒色ですか。

答え　　　色

③　②のとき，余った石をくらべると，白色と黒色のどちらの石がいくつ多いですか。

答え　　　色の石が　　　個多い

３． 次の(1)，(2)の問いに答えなさい。（求める途中をかき残しておくこと。）

(1)　一辺が１cmの立方体の積み木で次のような形を作りました。①，②の体積を求めなさい。

①

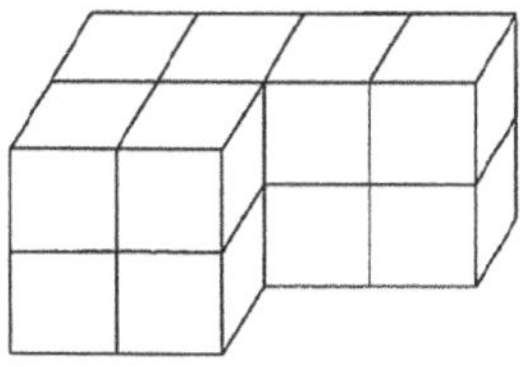

答え　　　cm^3

②

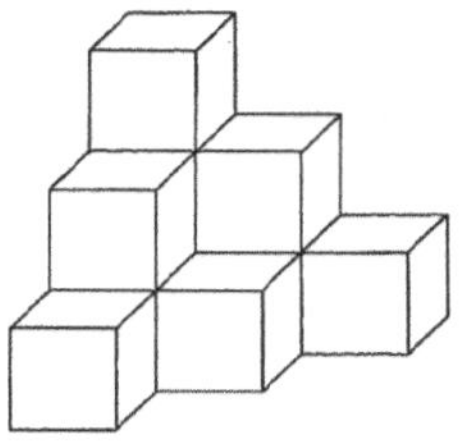

答え　　　cm^3

(2)　下の立体の体積を求めなさい。（ただし，底面は半径４cmの円，円周率は3.14とする。）

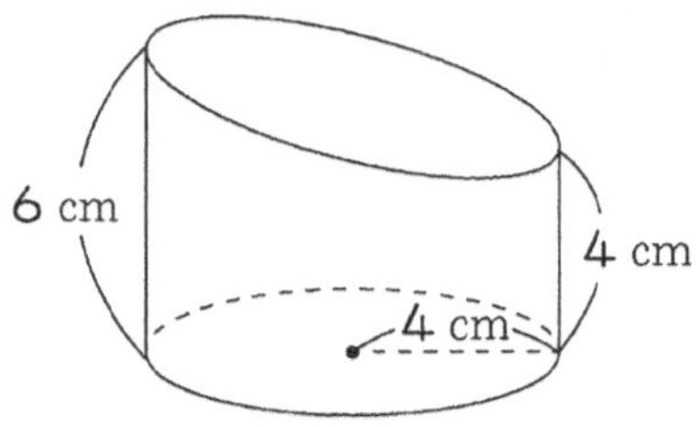

答え　　　cm^3

受験番号		氏名	

算数Ｂ（その３，その４）　※50点満点（配点非公表）

（この線の上は使わないでください。解答欄《らん》には式や考え方を書きなさい。）

4．次の(1)，(2)の問いに答えなさい。（求める途中をかき残しておくこと。）

(1)　定価の３割引きでくつを買ったら，代金は１６８０円でした。このくつの定価を求めなさい。

答え　　　　円

(2)　たて８４ｍ，横１４４ｍの長方形の土地の周りに同じ間かくで木を植えます。四すみには必ず木を植えるものとして，木と木の間かくをできるだけ広くするには何ｍおきに植えればよいですか。また，木は全部で何本植えることになりますか。

答え　木の間かくは　　　　ｍ，本数は　　　　本

5．下の図は，一辺が４cmの正方形ABCDと，点Ａを中心とする半径４cmの円を４等分した図形を組み合わせたものです。次の(1)，(2)の問いに答えなさい。（求める途中をかき残しておくこと。）

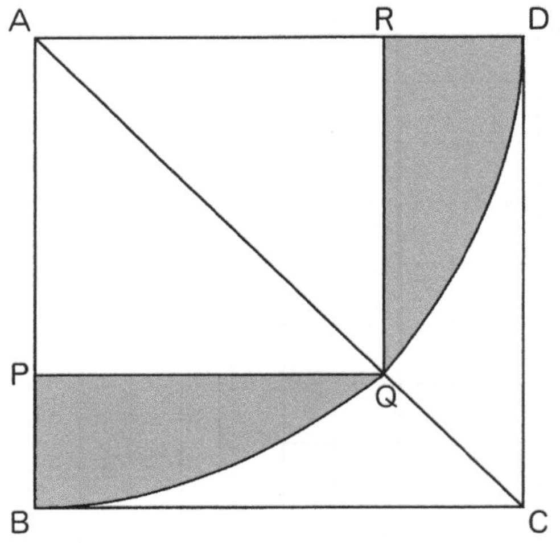

(1)　四角形APQRの面積を求めなさい。

答え　　　　cm^2

(2)　上の図で色のついた部分の面積と周の長さを求めなさい。（ただし，円周率は3.14とします。）

答え　面積　　　　cm^2，周の長さ　　　　cm

受験番号　　氏名

（この線の上は使わないでください。解答欄《らん》には式や考え方を書きなさい。）

6．下のグラフは，かえでさんのクラスの算数のテストの結果を表したものです。次の(1)～(3)の問いに答えなさい。（求める途中をかき残しておくこと。）

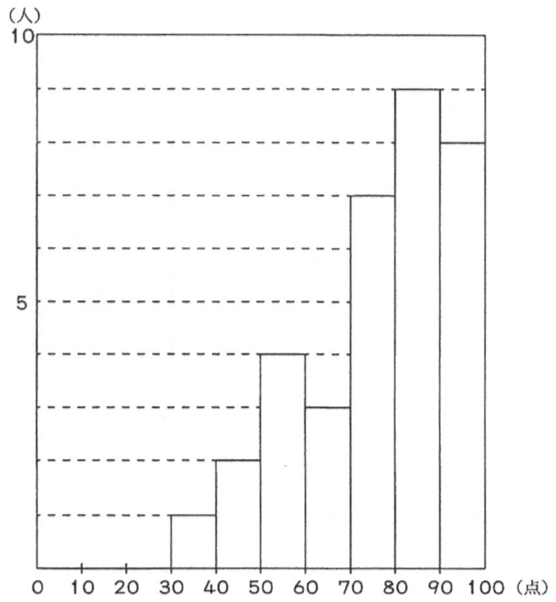

(1)　このクラスの人数は何人ですか。

答え　　　人

(2)　60点以上80点未満の生徒は全体の何％ですか。四捨五入して整数で答えなさい。

答え　　　％

(3)　85点の生徒は得点の高い方から数えて，何番目から何番目にいるといえますか。

答え　　　番目から　　　番目

7．英子さんは午前9時に家を出て，寄り道をしなければ約束の時刻に和子さんの家に着く速さで歩いて和子さんの家に向かいました。しかし，途中で雨が降り始めたので，かさを取りに家へ引き返しました。かさを差し，長ぐつにはきかえてから，また和子さんの家に向かいましたが，雨が強くなったので途中にある図書館で雨宿りをしました。しばらくすると雨が止んだので，急いで和子さんの家に行きましたが，和子さんとの約束の時刻におくれてしまいました。この様子をグラフで表すと下のようになりました。
次の(1)～(4)の問いに答えなさい。

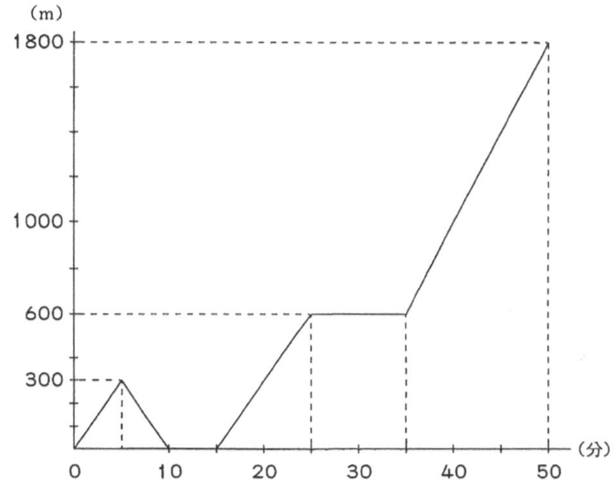

(1)　図書館には何分いましたか。

答え　　　分

(2)　家から図書館までの英子さんが歩く速さを求めなさい。

答え　分速　　　m

(3)　図書館を出た後の英子さんの歩く速さを求めなさい。

答え　分速　　　m

(4)　約束の時刻は午前何時何分でしたか。

答え　午前　　　時　　　分

英　語　その１

2024年度・中Ａ（25分）

受験番号		氏名	

※50点満点
（配点非公表）

【リスニング問題】リスニング問題は、第１部から第３部まであります。

※音声は収録しておりません

第１部　イラストを参考にしながら、対話と、そのあとの応答を聞き、最も適切な応答を１, ２, ３の中から一つ選び、その番号を書きなさい。問題はNo. 1からNo. 4まで、４題です。解答は、それぞれ下の解答らんに書きなさい。英文は１度だけ放送されます。

No. 1

No. 2

No. 3

No. 4

解答らん　No. 1 ☐　No. 2 ☐　No. 3 ☐　No. 4 ☐

第２部　対話と、そのあとの質問を聞き、その答えとして最も適切なものを以下の１, ２, ３, ４の中から一つ選び、その番号を書きなさい。問題はNo. 1からNo. 5まで、５題です。解答は、それぞれ下の解答らんに書きなさい。英文は２度放送されます。

No. 1
1. She is thirteen.
2. She is fourteen.
3. She is eighteen.
4. She is eighty.

No. 2
1. They caught six.
2. They caught seven.
3. They caught eight.
4. They caught nine.

No. 3
1. Helen and Tom's brother do.
2. Helen and her brother do.
3. Helen's sister and Tom's brother do.
4. Tom and his sister do.

No. 4
1. They will give her flowers.
2. They will give her cookies.
3. They will give her a cake.
4. They will give her bread.

No. 5
1. She will join the brass band.
2. She will join the swimming team.
3. She will join the music club.
4. She will join the dance club.

解答らん　No. 1 ☐　No. 2 ☐　No. 3 ☐　No. 4 ☐　No. 5 ☐

受験番号		氏名	

第3部　英文と、そのあとの質問を聞き、その答えとして最も適切なものを以下の1, 2, 3, 4の中から一つ選び、その番号を書きなさい。問題はNo. 1からNo. 4まで、4題です。解答は、それぞれ下の解答らんに書きなさい。英文は2度放送されます。

No. 1
1. Lisa and Beth do.
2. Shelly and Peter do.
3. Mark and Beth do.
4. Lisa and Peter do.

No. 2
1. Kyoto and London are.
2. New York and Sydney are.
3. Kyoto and Sapporo are.
4. London and Sydney are.

No. 3
1. Jane and Judy didn't
2. Mike and Kelly didn't.
3. Mike and Steve didn't.
4. Jane and Kelly didn't.

No. 4
1. Some men and families were.
2. Some boys and girls were.
3. Some small children and old people were.
4. Some men and boys were.

解答らん　No. 1 ［　］　No. 2 ［　］　No. 3 ［　］　No. 4 ［　］

【筆記問題】

1．次の（1）から（6）までの（　　）に入れるのに最も適切なものを1, 2, 3, 4の中から一つ選び、その番号を書きなさい。解答は、下の解答らんに書きなさい。

（1）This pencil isn't (　　). It's Helen's.

1. me　2. I　3. mine　4. it

（2）I do my homework (　　) dinner.

1. about　2. after　3. with　4. under

（3）(　　) is the ninth month of the year.

1. October　2. November　3. September　4. August

（4）Kate (　　) piano lessons on Saturdays.

1. takes　2. plays　3. listens　4. studies

（5）I sometimes go to the library and read books (　　).

1. then　2. than　3. there　4. them

（6）My sister is 160 centimeters (　　).

1. tall　2. old　3. big　4. high

解答らん　（1）［　］　（2）［　］　（3）［　］　（4）［　］　（5）［　］　（6）［　］

2．次の（1）から（6）までの対話について、(　　　) に入れるのに最も適切なものを 1, 2, 3, 4 の中から一つ選び、その番号を書きなさい。解答は、下の解答らんに書きなさい。

（1）　*Boy*：What does your mother (　　　)?

Girl：She works in a flower shop.

1. play　2. work　3. have　4. do

（2）*Teacher*：Don't run in the classroom.

Student：(　　　), Ms. Clark.

1. I can't　2. Thank you　3. I'm sorry　4. You're welcome

（3）*Mother*：When is your next baseball game?

Boy：(　　　).

1. In the park　2. This Saturday　3. It's hard　4. We will win

（4）　*Girl*：This is my cat, Ben.

Boy：Oh, it's (　　　).

1. pretty　2. ready　3. busy　4. early

（5）*Woman*：Excuse me. (　　　) there a supermarket near here?

Man：Yes. It's over there, next to the bookstore.

1. Do　2. Are　3. Does　4. Is

（6）*Teacher*：Which pencil case is yours, the blue one (　　　) the black one?

Student：The black one is.

1. for　2. or　3. than　4. and

解答らん	（1）		（2）		（3）		（4）		（5）		（6）	

受験番号		氏名	

3．次の（1）から（8）までの日本文の内容を表すように、(　　) 内の①から④までを並べかえ、その番号を □ の中に入れなさい。そして、1番目と、3番目の □ に入るものの番号をそれぞれ書きなさい。
ただし、(　　) 内では、文のはじめに来る語も小文字になっています。解答は、下の解答らんに書きなさい。

（1）昼食の時間です。

(① lunch　② time　③ for　④ it's).

1番目　□　□　3番目　□　□ .

解答らん（1）　1番目 □　3番目 □

（2）私は泳ぐのが得意ではありません。

I am (① not　② swimming　③ at　④ good).

I am　1番目　□　□　3番目　□　□ .

解答らん（2）　1番目 □　3番目 □

（3）授業は何時間ありますか。

(① many　② do　③ how　④ classes) you have?

1番目　□　□　3番目　□　□ you have?

解答らん（3）　1番目 □　3番目 □

（4）あなたは今何をしていますか。

(① doing　② are　③ you　④ what) now?

1番目　□　□　3番目　□　□ now?

解答らん（4）　1番目 □　3番目 □

（5）この時計はいくらですか。

(① much　② how　③ this　④ is) watch?

1番目　□　□　3番目　□　□ watch?

解答らん（5）　1番目 □　3番目 □

（6）この犬はあの犬よりも大きいです。

This dog (① is　② that　③ than　④ bigger) one.

This dog　1番目　□　□　3番目　□　□ one.

解答らん（6）　1番目 □　3番目 □

（7）私は自分の部屋を掃除する予定です。

I'm (① to　② going　③ my　④ clean) room.

I'm　1番目　□　□　3番目　□　□ room.

解答らん（7）　1番目 □　3番目 □

（8）あなたはどんな食べ物が好きですか。

(① what　② your　③ is　④ favorite) food?

1番目　□　□　3番目　□　□ food?

解答らん（8）　1番目 □　3番目 □

静岡英和女学院中学校　2024 年度入試　英語　リスニング問題

※音声は収録しておりません

これから、英語・リスニングの問題を始めます。問題用紙は、その１と、その２の途中までです。
リスニング問題は、第１部から第３部までであります。途中でメモを取ってもかまいません。

第１部

イラストを参考にしながら、対話と、そのあとの応答を聞き、最も適切な応答を one，two，three の中から一つ選び、その番号を書きなさい。問題は No.1 から No.４まで、４題です。解答は、それぞれ下の解答欄に書きなさい。英文は１度だけ放送されます。

No. 1.　Did you enjoy your trip to Hawaii?
Yes, very much.
How was the weather?

1. It was sunny.
2. My family and I.
3. Last winter.

No. 2.　I like your new shirt.
Thank you.
Where did you get it?

1. Last Saturday.
2. At the shop near the station.
3. My mother did.

No. 3.　I'm hungry.
Me, too.
What do you want to have?

1. In the restaurant.
2. During lunch time.
3. A hamburger.

No. 4.　What time is it?
It's seven thirty.
Oh, we need to hurry to school.

1. I'm home.
2. Let' s go.
3. Good job.

第２部

対話と、そのあとの質問を聞き、その答えとして最も適切なものを以下の１，２，３，４の中から一つ選び、その番号を書きなさい。問題は No.1 から No.5 まで、５題です。解答は、それぞれ下の解答欄に書きなさい。英文は２度放送されます。

No. 1.　This is a photo of my family.
Oh, it's a nice picture. How old is your sister?
Eighteen. My brother is fourteen, and I'm thirteen.
How old are your parents?
My father is 49, and my mother is 44.

Question: How old is the boy's sister?

No. 2.　What did you do last Sunday?
I went fishing with my brother and sister.
Oh, did you catch any fish?
Yes, a big one. My brother caught four. And my sister three.
Great.

Question: How many fish did they catch?

No. 3.　Do you play any sports, Helen?
Yes. I like tennis, Tom.
Oh, my brother enjoys it too, but I play baseball. How about your sisters?
My older sister is a good swimmer.　My little sister plays basketball.

Question: Who likes tennis?

No. 4.　Tomorrow is Grandma's birthday, Amy.
Yes. Let's go shopping for her, Bill.
Great. Let's get some flowers.
But our mother always gives her flowers and a cake.
Right. She likes bread, but we can't bake it. We can bake cookies.
Yes, let's start now!

Question: What will Amy and Bill give their grandmother for her birthday?

No. 5. Beth, which club do you want to join?
Well, I don't know, Dad.
You like music. How about the chorus club or the brass band?
But I enjoy sports too. Maybe the swimming team or the tennis team.
What about the dance club? You can enjoy sports and music.
That's a great idea! I will join it.

Question: Which club will Beth join?

第３部

英文と、そのあとの質問を聞き、その答えとして最も適切なものを以下の１，２，３，４の中から一つ選び、その番号を書きなさい。問題は No.1 から No.４まで、４題です。解答は、それぞれ下の解答欄に書きなさい。英文は２度放送されます。

No. 1. Shelly has long hair and brown eyes. Lisa has short hair and blue eyes.
Peter has short hair and brown eyes. Mark has long hair and green eyes.
Beth has long hair and blue eyes.

Question: Who has blue eyes?

No. 2. It's cloudy and windy in New York. It's sunny and warm in Kyoto.
It's rainy and windy in London. It's snowy and cold in Sydney.
It's clear and cool in Sapporo.

Question: Where are good places for a picnic?

No. 3. Yesterday, some of my friends went shopping. Mike bought sugar, milk, and bread. Jane got ice cream, apples, and tomatoes. Steve bought eggs, cookies, and bananas. Kelly got fish, meat, and potatoes. Judy got carrots, rice, and grapes.

Question: Who did not get any fruits?

No. 4. I went to the park last Saturday. It was a beautiful day.
Some small children were drawing pictures of the flowers. Some men were running. Some families were having lunch under the trees. Some boys were playing with balls. Some girls were sitting and talking. Some old people were watching the playing children. They were all enjoying their weekend.

Question: Who was playing sports in the park?

以上で、リスニング問題は終わりです。引き続き、筆記問題を解きなさい。

日曜進学教室

・県内中学受験に添った徹底指導　　・志望校別の豊富な受験資料と情報

業

業を行
のとき
違えて
で確認
ます。
ロセス
意点な
ねんに
用力を

STEP 4 復習

日曜進学教室終了後、ご自宅にて、同じ内容のテストをもう一度解いていただきます。解説授業での指導を思い起こしながら、間違えていたところを修正し、満点の答案を作成することで、日曜進学教室で学んだ指導内容の定着をはかります。〈満点答案の作成〉

STEP 5 模擬テスト

毎月の中学入試模擬テストの内容は、日曜進学教室の学習進度と並行しています。日曜進学教室で学習したことがどの程度理解できているかを、模擬テストを受験することで、客観的に判断できます。また、模擬テスト直後に解説授業が組みこまれているので、テストでの疑問点がすぐに解決できます。

キリトリ

2024年度　小5・6　日曜進学教室　入室申込書

会員番号						フリガナ		在学校名
						生徒氏名	男 女	小学校

学年	生年月日	フリガナ		志望校名
年	年　月　日	保護者名		中学校

住所	〒　ー		
電話番号	(　　)　ー	緊急連絡先	(　　)　ー

受講会場 ○でかこんでください	1.静岡本部校	2.焼　津　校	入　室　日
	A　日曜(5.6年)コース B　土曜(5.6年)コース	A　日曜(6年)コース B　土曜(5年)コース	年　月　日より
入室金免除	他の講座入室時に支払い済	兄弟姉妹が入室金を支払い済	

既に教英社の会員証をお持ちの方は、太わくの部分のみご記入ください。

曜進学教室室生は、学費の中に、中学入試模擬テスト受験料も含まれております。テスト申込書は提出必要はありません。

本部校の土曜(5.6年)コースは7月までの実施になります。夏期講習以降は日曜コースに参加していただき。

学　費

〈２ヶ月分の学費〉

約　　　定

何らかの事情で途中退室される受験生は、入室金・当月授業料・教材費は返金致しませんので、ご承知おき下さい。

学費（日曜進学教室の授業料は２ヶ月単位）

学年	学期	授業料（円）	テスト受験料（円）	2ヶ月分合計（円
６年	第一期（２～３月）	４３，２００	0	４３，２００
	第二期（４～５月）	３３，８００	12,500模試(2回)チェック(1回)	４６，３００
	第三期（６～７月）	３８，６００	12,500模試(2回)チェック(1回)	５１，１００
	第四期（８～９月）	３６，３００	12,000模試(3回)	４８，３００
	第五期（10～11月）	２９，２００	16,000模試(4回)	４５，２００
	第六期（12～１月）	２４，２００	8,000(模試2回)	３２，２００
５年	第一期（２～３月）	３７，８００	0	３７，８００
	第二期（４～５月）	３０，２００	8,000(模試2回)	３８，２００
	第三期（６～７月）	３４，４００	8,000(模試2回)	４２，４００
	第四期（８～９月）	３４，４００	8,000(模試2回)	４２，４００
	第五期（10～11月）	３０，２００	8,000(模試2回)	３８，２００
	第六期（12～１月）	２６，０００	8,000(模試2回)	３４，０００

・初回申込時のみ入室金 17,800円がかかります。(兄弟姉妹が入室金を支払い済みの方は必要ありません
　教材費６・５年 8,200 円(初回のみ/5・6 年内容の合本です)

・途中入室の場合の授業料は残りの授業回数で計算します。

・上記金額には消費税が含まれております。

※学力チェックテスト(６年)を４月７日、６月 23 日に実施。国・算の弱点を分析し指導の資料とします。

教室案内・行事予定

1.　中学入試模擬テスト

小学校 5. 6 年対象—国語・算数

6 年生 14 回　5 年生 11 回

2.　受験科教室

小学校 5. 6 年対象—国語・算数

3.　志望校別特訓クラス　小学校 6 年対象

4.　清水南中受検総合適性クラス

静岡本部校　小学校 6 年対象

5.　志望校別模擬テスト（附属静岡・島田・雙葉）

小学校 6 年対象

6.　講　習　会（春・夏・冬）

7.　問　題　集

・国・私立中学入試問題集—静附・雙葉・英和・聖光・常葉・静学・橘・翔洋・不二聖心・サレジオ・西遠・浜松開誠館・暁秀・浜松西・清水南他

・面接試験受験の要領・面接試験の要領ＤＶＤ

・中学入試総まとめ　国語・算数

日曜進学教室の指導システム

理解を深め、定着させる５つのＳＴＥＰ

STEP 1 予習

当社で設定したカリキュラムに従い、毎週、次の日曜日に学習する項目に関して予習をしてきていただきます。これは、次の日曜日にどのようなことを学習するのか概要をつかみ、疑問点などを明確にしておくためのものです。

STEP 2 テスト

日曜進学教室では、毎週、テストを行います(30 分間)。予習範囲の学習内容がどの程度理解できているかを、児童自身が確認するためのテストであり、また、問題を解くことでさらに理解を深めていくための指導用のテストでもあります。(得点を競うためのテストではありません。)

STEP 3 解

テスト終了後
います(50 分間
解けなかった問
いたところを
し、正しい理解
また、正答を導
や、問題を解く
ど、実践的解答
指導し、類似問
養います。

1 **対象**　**小学5・6年**

2 **期間**　**5年生**　**2024 年2月4日(日)～2025 年1月 12 日(日)**
6年生　**2024 年2月4日(日)～2025 年1月5日(日)**

3 **時間**　**9:00～12:00**

模擬テスト(４月～)のあるときは　**10:00～12:00…中学入試模擬テスト**
13:00～15:30…解説授業

※静岡本部校は同内容の「土曜コース」があります。(詳細は別紙参照)
※焼津校の５年生は通常授業・模擬テスト・解説授業とも土曜日の実施となります。
(祝日・講習会中は日曜日の実施)
※日曜進学教室生は、「中学入試模擬テスト」を必ず受験していただきます。
※日曜進学教室生(６年)は、年２回(４月７日、６月 23 日)「学力チェックテスト」を必ず受験していただきます。
※「中学入試模擬テスト」「学力チェックテスト」の詳細は別紙パンフレットをご覧ください。

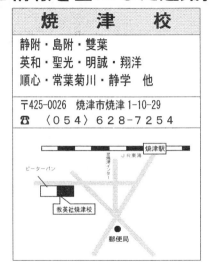

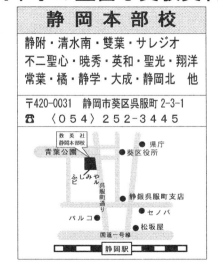

福岡県

- ①［国立］福岡教育大学附属中学校（福岡·小倉·久留米）
- ②［県立］
  - 育徳館中学校
  - 門司学園中学校
  - 宗像中学校
  - 嘉穂高等学校附属中学校
  - 輝翔館中等教育学校
- ③西南学院中学校
- ④上智福岡中学校
- ⑤福岡女学院中学校
- ⑥福岡雙葉中学校
- ⑦照曜館中学校
- ⑧筑紫女学園中学校
- ⑨敬愛中学校
- ⑩久留米大学附設中学校
- ⑪飯塚日新館中学校
- ⑫明治学園中学校
- ⑬小倉日新館中学校
- ⑭久留米信愛中学校
- ⑮中村学園女子中学校
- ⑯福岡大学附属大濠中学校
- ⑰筑陽学園中学校
- ⑱九州国際大学付属中学校
- ⑲博多女子中学校
- ⑳東福岡自彊館中学校
- ㉑八女学院中学校

佐賀県

- ①［県立］
  - 香楠中学校
  - 致遠館中学校
  - 唐津東中学校
  - 武雄青陵中学校
- ②弘学館中学校
- ③東明館中学校
- ④佐賀清和中学校
- ⑤成穎中学校
- ⑥早稲田佐賀中学校

長崎県

- ①［県立］
  - 長崎東中学校
  - 佐世保北中学校
  - 諫早高等学校附属中学校
- ②青雲中学校
- ③長崎南山中学校
- ④長崎日本大学中学校
- ⑤海星中学校

熊本県

- ①［県立］
  - 玉名高等学校附属中学校
  - 宇土中学校
  - 八代中学校
- ②真和中学校
- ③九州学院中学校
- ④ルーテル学院中学校
- ⑤熊本信愛女学院中学校
- ⑥熊本マリスト学園中学校
- ⑦熊本学園大学付属中学校

大分県

- ①［県立］大分豊府中学校
- ②岩田中学校

宮崎県

- ①［県立］五ヶ瀬中等教育学校
- ②［県立］
  - 宮崎西高等学校附属中学校
  - 都城泉ヶ丘高等学校附属中学校
- ③宮崎日本大学中学校
- ④日向学院中学校
- ⑤宮崎第一中学校

鹿児島県

- ①［県立］楠隼中学校
- ②［市立］鹿児島玉龍中学校
- ③鹿児島修学館中学校
- ④ラ・サール中学校
- ⑤志學館中等部

沖縄県

- ①［県立］
  - 与勝緑が丘中学校
  - 開邦中学校
  - 球陽中学校
  - 名護高等学校附属桜中学校

もっと過去問シリーズ

北海道

北嶺中学校
7年分（算数・理科・社会）

静岡県

静岡大学教育学部附属中学校
（静岡·島田·浜松）
10年分（算数）

愛知県

愛知淑徳中学校
7年分（算数・理科・社会）
東海中学校
7年分（算数・理科・社会）
南山中学校男子部
7年分（算数・理科・社会）
南山中学校女子部
7年分（算数・理科・社会）
滝中学校
7年分（算数・理科・社会）
名古屋中学校
7年分（算数・理科・社会）

岡山県

岡山白陵中学校
7年分（算数・理科）

広島県

広島大学附属中学校
7年分（算数・理科・社会）
広島大学附属福山中学校
7年分（算数・理科・社会）
広島学院中学校
7年分（算数・理科・社会）
広島女学院中学校
7年分（算数・理科・社会）
修道中学校
7年分（算数・理科・社会）
ノートルダム清心中学校
7年分（算数・理科・社会）

愛媛県

愛光中学校
7年分（算数・理科・社会）

福岡県

福岡教育大学附属中学校
（福岡·小倉·久留米）
7年分（算数・理科・社会）
西南学院中学校
7年分（算数・理科・社会）
久留米大学附設中学校
7年分（算数・理科・社会）
福岡大学附属大濠中学校
7年分（算数・理科・社会）

佐賀県

早稲田佐賀中学校
7年分（算数・理科・社会）

長崎県

青雲中学校
7年分（算数・理科・社会）

鹿児島県

ラ·サール中学校
7年分（算数・理科・社会）

※もっと過去問シリーズは
国語の収録はありません。

教英出版
〒422-8054
静岡県静岡市駿河区南安倍3丁目12−28
TEL 054-288-2131
FAX 054-288-2133
詳しくは教英出版で検索
教英出版 検索
URL https://kyoei-syuppan.net/

④[府立]富田林中学校
⑤[府立]咲くやこの花中学校
⑥[府立]水都国際中学校
⑦清風中学校
⑧高槻中学校（A日程）
⑨高槻中学校（B日程）
⑩明星中学校
⑪大阪女学院中学校
⑫大谷中学校
⑬四天王寺中学校
⑭帝塚山学院中学校
⑮大阪国際中学校
⑯大阪桐蔭中学校
⑰開明中学校
⑱関西大学第一中学校
⑲近畿大学附属中学校
⑳金蘭千里中学校
㉑金光八尾中学校
㉒清風南海中学校
㉓帝塚山学院泉ヶ丘中学校
㉔同志社香里中学校
㉕初芝立命館中学校
㉖関西大学中等部
㉗大阪星光学院中学校

兵庫県

①[国立]神戸大学附属中等教育学校
②[県立]兵庫県立大学附属中学校
③雲雀丘学園中学校
④関西学院中学部
⑤神戸女学院中学部
⑥甲陽学院中学校
⑦甲南中学校
⑧甲南女子中学校
⑨灘中学校
⑩親和中学校
⑪神戸海星女子学院中学校
⑫滝川中学校
⑬啓明学院中学校
⑭三田学園中学校
⑮淳心学院中学校
⑯仁川学院中学校
⑰六甲学院中学校
⑱須磨学園中学校(第1回入試)
⑲須磨学園中学校(第2回入試)
⑳須磨学園中学校(第3回入試)
㉑白陵中学校
㉒夙川中学校

奈良県

①[国立]奈良女子大学附属中等教育学校
②[国立]奈良教育大学附属中学校
③[県立]
- 国際中学校
- 青翔中学校

④[市立]一条高等学校附属中学校
⑤帝塚山中学校
⑥東大寺学園中学校
⑦奈良学園中学校
⑧西大和学園中学校

和歌山県

①[県立]
- 古佐田丘中学校
- 向陽中学校
- 桐蔭中学校
- 日高高等学校附属中学校
- 田辺中学校

②智辯学園和歌山中学校
③近畿大学附属和歌山中学校
④開智中学校

岡山県

①[県立]岡山操山中学校
②[県立]倉敷天城中学校
③[県立]岡山大安寺中等教育学校
④[県立]津山中学校
⑤岡山中学校
⑥清心中学校
⑦岡山白陵中学校
⑧金光学園中学校
⑨就実中学校
⑩岡山理科大学附属中学校
⑪山陽学園中学校

広島県

①[国立]広島大学附属中学校
②[国立]広島大学附属福山中学校
③[県立]広島中学校
④[県立]三次中学校
⑤[県立]広島叡智学園中学校
⑥[市立]広島中等教育学校
⑦[市立]福山中学校
⑧広島学院中学校
⑨広島女学院中学校
⑩修道中学校
⑪崇徳中学校
⑫比治山女子中学校
⑬福山暁の星女子中学校
⑭安田女子中学校
⑮広島なぎさ中学校
⑯広島城北中学校
⑰近畿大学附属広島中学校福山校
⑱盈進中学校
⑲如水館中学校
⑳ノートルダム清心中学校
㉑銀河学院中学校
㉒近畿大学附属広島中学校東広島校
㉓AICJ中学校
㉔広島国際学院中学校
㉕広島修道大学ひろしま協創中学校

山口県

①[県立]
- 下関中等教育学校
- 高森みどり中学校

②野田学園中学校

徳島県

①[県立]
- 富岡東中学校
- 川島中学校
- 城ノ内中等教育学校

②徳島文理中学校

香川県

①大手前丸亀中学校
②香川誠陵中学校

愛媛県

①[県立]
- 今治東中等教育学校
- 松山西中等教育学校

②愛光中学校
③済美平成中等教育学校
④新田青雲中等教育学校

高知県

①[県立]
- 安芸中学校
- 高知国際中学校
- 中村中学校

神奈川県

①［県立］相模原中等教育学校
　　　　　平塚中等教育学校
②［市立］南高等学校附属中学校
③［市立］横浜サイエンスフロンティア高等学校附属中学校
④［市立］川崎高等学校附属中学校
✿⑤聖光学院中学校
✿⑥浅野中学校
⑦洗足学園中学校
⑧法政大学第二中学校
⑨逗子開成中学校（1次）
⑩逗子開成中学校（2･3次）
⑪神奈川大学附属中学校（第1回）
⑫神奈川大学附属中学校（第2･3回）
⑬栄光学園中学校
⑭フェリス女学院中学校

新潟県

①［県立］村上中等教育学校
　　　　　柏崎翔洋中等教育学校
　　　　　燕中等教育学校
　　　　　津南中等教育学校
　　　　　直江津中等教育学校
　　　　　佐渡中等教育学校
②［市立］高志中等教育学校
③新潟第一中学校
④新潟明訓中学校

石川県

①［県立］金沢錦丘中学校
②星稜中学校

福井県

①［県立］高志中学校

山梨県

①山梨英和中学校
②山梨学院中学校
③駿台甲府中学校

長野県

①［県立］屋代高等学校附属中学校
　　　　　諏訪清陵高等学校附属中学校
②［市立］長野中学校

岐阜県

①岐阜東中学校
②鶯谷中学校
③岐阜聖徳学園大学附属中学校

静岡県

①［国立］静岡大学教育学部附属中学校（静岡･島田･浜松）
②［県立］清水南高等学校中等部
　［県立］浜松西高等学校中等部
　［市立］沼津高等学校中等部
③不二聖心女子学院中学校
④日本大学三島中学校
⑤加藤学園暁秀中学校
⑥星陵中学校
⑦東海大学付属静岡翔洋高等学校中等部
⑧静岡サレジオ中学校
⑨静岡英和女学院中学校
⑩静岡雙葉中学校
⑪静岡聖光学院中学校
⑫静岡学園中学校
⑬静岡大成中学校
⑭城南静岡中学校
⑮静岡北中学校
⑯常葉大学附属常葉中学校
　常葉大学附属橘中学校
　常葉大学附属菊川中学校
⑰藤枝明誠中学校
⑱浜松開誠館中学校
⑲静岡県西遠女子学園中学校
⑳浜松日体中学校
㉑浜松学芸中学校

愛知県

①［国立］愛知教育大学附属名古屋中学校
②愛知淑徳中学校
③名古屋経済大学市邨中学校
　名古屋経済大学高蔵中学校
④金城学院中学校
⑤椙山女学園中学校
⑥東海中学校
⑦南山中学校男子部
⑧南山中学校女子部
⑨聖霊中学校
⑩滝中学校
⑪名古屋中学校
⑫大成中学校
⑬愛知中学校
⑭星城中学校
⑮名古屋葵大学中学校
　（名古屋女子大学中学校）
⑯愛知工業大学名電中学校
⑰海陽中等教育学校（特別給費生）
⑱海陽中等教育学校（Ⅰ･Ⅱ）
⑲中部大学春日丘中学校
新刊⑳名古屋国際中学校

三重県

①［国立］三重大学教育学部附属中学校
②暁中学校
③海星中学校
④四日市メリノール学院中学校
⑤高田中学校
⑥セントヨゼフ女子学園中学校
⑦三重中学校
⑧皇學館中学校
⑨鈴鹿中等教育学校
⑩津田学園中学校

滋賀県

①［国立］滋賀大学教育学部附属中学校
②［県立］河瀬中学校
　　　　　守山中学校
　　　　　水口東中学校

京都府

①［国立］京都教育大学附属桃山中学校
②［府立］洛北高等学校附属中学校
③［府立］園部高等学校附属中学校
④［府立］福知山高等学校附属中学校
⑤［府立］南陽高等学校附属中学校
⑥［市立］西京高等学校附属中学校
⑦同志社中学校
⑧洛星中学校
⑨洛南高等学校附属中学校
⑩立命館中学校
⑪同志社国際中学校
⑫同志社女子中学校（前期日程）
⑬同志社女子中学校（後期日程）

大阪府

①［国立］大阪教育大学附属天王寺中学校
②［国立］大阪教育大学附属平野中学校
③［国立］大阪教育大学附属池田中学校

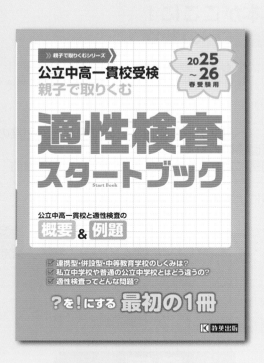

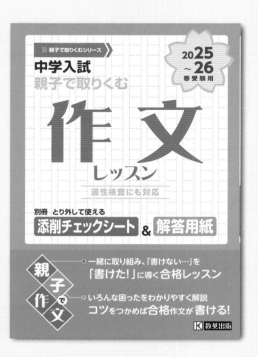

■ ご使用にあたってのお願い・ご注意

（1）問題文等の非掲載

著作権上の都合により，問題文や図表などの一部を掲載できない場合があります。

誠に申し訳ございませんが，ご了承くださいますようお願いいたします。

（2）過去問における時事性

過去問題集は，学習指導要領の改訂や社会状況の変化，新たな発見などにより，現在とは異なる表記や解説になっている場合があります。過去問の特性上，出題当時のままで出版していますので，あらかじめご了承ください。

（3）配点

学校等から配点が公表されている場合は，記載しています。公表されていない場合は，記載していません。

独自の予想配点は，出題者の意図と異なる場合があり，お客様が学習するうえで誤った判断をしてしまう恐れがあるため記載していません。

（4）無断複製等の禁止

購入された個人のお客様が，ご家庭でご自身またはご家族の学習のためにコピーをすることは可能ですが，それ以外の目的でコピー，スキャン，転載（ブログ，ＳＮＳなどでの公開を含みます）などをすることは法律により禁止されています。学校や学習塾などで，児童生徒のためにコピーをして使用することも法律により禁止されています。

ご不明な点や，違法な疑いのある行為を確認された場合は，弊社までご連絡ください。

（5）けがに注意

この問題集は針を外して使用します。針を外すときは，けがをしないように注意してください。また，表紙カバーや問題用紙の端で手指を傷つけないように十分注意してください。

（6）正誤

制作には万全を期しておりますが，万が一誤りなどがございましたら，弊社までご連絡ください。

なお，誤りが判明した場合は，弊社ウェブサイトの「ご購入者様のページ」に掲載しておりますので，そちらもご確認ください。

■ お問い合わせ

解答例，解説，印刷，製本など，問題集発行におけるすべての責任は弊社にあります。

ご不明な点がございましたら，弊社ウェブサイトの「お問い合わせ」フォームよりご連絡ください。迅速に対応いたしますが，営業日の都合で回答に数日を要する場合があります。

ご入力いただいたメールアドレス宛に自動返信メールをお送りしています。自動返信メールが届かない場合は，「よくある質問」の「メールの問い合わせに対し返信がありません。」の項目をご確認ください。

また弊社営業日（平日）は，午前９時から午後５時まで，電話でのお問い合わせも受け付けています。

2025春

株式会社教英出版

〒422-8054　静岡県静岡市駿河区南安倍３丁目 12-28

TEL　054-288-2131　　FAX　054-288-2133

URL　https://kyoei-syuppan.net/

MAIL siteform@kyoei-syuppan.net